말씀 앞에 선 당신에게

성도의
전인격이 변화되는
하나님 말씀과의
만남

말씀 앞에 선 당신에게

•강산 지음

 헤르몬

지난 열일곱 해를 하루같이 오래참고 사랑해준

나의 보석, 성애 사모에게

결혼기념일에 즈음하여 이 책을 헌정합니다.

추천의 글 ○ (가나다 순)

● ● ● 책은 우리 안에 있는 얼음 바다를 깨는 도끼여야 한다고 카프카는 말했다. 날카롭고 예리한 글을 만날 때면 나른한 일상에 균열이 일고 있음을 알아차릴 수 있다. 강산 목사의 글은 내게 저릿한 아픔으로 다가왔다. 그는 만남과 대화와 사랑의 대상인 말씀이 허비되고 오용되고 왜곡되는 현실에 아파한다. 인격의 변화로 이어지지 않는 말씀은 오만으로 귀착되기 쉽다. 저자는 성경을 해석하는 데 꼭 필요한 신학적 사유의 단초를 평범한 경험의 언어로 풀어놓고 있다. 말씀이 일상적 경험에 비추어 재해석되고, 일상이 말씀의 조명을 받을 때 삶은 새로워진다. 지향을 잃고 떠도느라 지친 사람들, 분주하지만 삶의 깊이를 잃어버린 채 허둥거리는 이들이 이 책을 차분하게 대면한다면 눈앞에 새로운 창이 열리고 있음을 알게 될 것이다.

김기석 청파교회 담임목사

● ● ● 정말 성경을 사랑하는 사람이 쓴 글이다. 아니, 성경을 통해 인격적인 하나님을 친밀하고 치열하고 치밀하게 만난 사람의 글이다. 신앙이 어린 사람도 말씀 앞에 설 수 있도록 안내하고, 오랜 세월 성경을 읽어온 사람을 인격적인 만남으로 초대하며, 성경을 전문적으로 연구하는 사람에게도 근본적인 도전을 주는 책이다. 저자 개인이 연구하고 고민한 흔적이 물씬 묻어나는 책이어서, 어떤 부분은 조금 과도하게 강조한 듯한 느낌이 있어도, 이 책에 담긴 가볍지 않은 가치가 그런 부분을 모두 덮고도 남는다. 성경을 깊이 있게 연구하지도 않고, 성경을 통해 하나님을 만나지도 않으면서 큐티 말씀

을 나누고 설교까지 하는, 그래서 말씀은 홍수처럼 넘쳐나도 삶의 변화는 미비한 한국 교회에, 이 책은 날카로운 도전과 소중한 도움이 될 것이다. 우리 모두 하나님의 말씀 앞에 서자!

김형국 하나복DNA네트워크 대표

● ● 이 책은 하나님의 말씀을 단지 고전이나 권위 있는 문서로서가 아니라, 하나님 마음이 담긴 글이요, 인격과 인격의 만남으로 보는 저자가 삶에서 길어 올린 깊은 글이다. 그만큼 저자의 마음과 영혼이 담겨 있다. 가난한 교회를 위해 자신과 가족의 삶을 통째로 드리면서도, 그는 그것이 성도의 길임을 알기에 그래서 성도의 본으로 살아야 하는 목사의 본분임을 알기에 타협하지 않으려고 몸부림치면서 기도하고 실천하며 살아왔다.

한때 그를 가르쳤던 선생으로서 나는 그와 그가 섬기는 십자가교회를 생각할 때마다 안락함 속에서 살아가는 나 자신이 부끄러웠다. 언제가 이 '숨은 보석'이 세상에 드러나길 원하여, 그를 만난 자리에서 박사학위 과정을 제안했지만 그는 정중하게 거절했다. 경제적인 문제도 있었겠지만, 그에게 학위란 성도를 보살피는 목사에게 그리 긴요한 것으로 보이지 않았기 때문이었으리라. 그렇게 강산 목사는 교회와 성도를 여전히 '강'과 같이, 그리고 '산'과 같이 버티며 섬기고 있다. 자신은 말씀의 봉사자라는 것을 잘 알았기에 그는 이렇게 고스란히 말씀과 신학 연구의 삶에 매진할 수 있었을 것이다.

그의 말씀 연구 자세와 방대한 독서, 그리고 성도의 삶을 배경으로 한 실용적인 저서들을 대하면서 이른바 학자라 불리는 나는 부끄러움을 갖지 않을 수 없다. 그가 이 책에서 핵심으로 다루는 하나님 말씀의 인격적 소통에 관한 관점은 정확히 신구약 성경의 학문적 중심을 관통하는 내용이기 때문이다. 게다가 그리스도인에게 요긴한 매일의 성경 읽기와 말씀과의 만남을 위한 친절한 안내들은 영적 독서에 요긴한 실용적인 지침과 원리로 가득하다. 작지만 무게 있는 이 책의 안내를 따라간다면 우리는 진리의 길에 올라, 거룩하신 하나님을 인격적으로 만날 수 있으리라.

박정수 성결대학교 신약학 교수

● ● ● 머리로 쓴 글이 있고, 가슴으로 쓴 글이 있습니다. 눈으로 읽는 책이 있고, 마음으로 읽는 책이 있습니다. 강산 목사님의 《말씀 앞에 선 당신에게》는 바로 가슴으로 쓰고, 마음으로 읽는 책입니다.

말씀이신 예수 그리스도는 육신이 되어 우리에게 오셨고Incarnation, 그 말씀이 인격적으로 우리 안에서 현실이 될 때 체화되었다Embodiment고 말합니다. 이 책은 말씀을 이해하고 깨닫고 즐거워하는 단계를 넘어, 하나님 말씀과 하나 되고 그 말씀대로 살며, 그 말씀이 빚어가시는 길에 대해 우리가 꼭 새겨들어야 하는 진실을 이야기합니다. 그리고 "철을 따라 열매를 맺으며 그 잎사귀가 마르지 아니함 같으니 그가 하는 모든 일이 다 형통"한 삶, 곧 말씀이신 주님께 접붙인 바 되고 연합된 삶을 전합니다.

뿐만 아니라 구체적으로 성경을 읽어나갈 때에 독자들에게 실제적인 도움이 될 만한 말씀 연구의 팁과 도움이 되는 자료들을 소개하고 있어, 신구약 성경의 핵심을 하나의 주제로 꿰뚫는 성경 읽기법의 사례를 직접 보여주기도 합니다.

'영과후진'盈科後進이라는 말이 있습니다. "물은 구덩이를 만나면 그것을 채운 다음에 흘러간다"라는 뜻입니다. 이 책에 담긴 글은 그렇게 가슴의 빈 웅덩이를 조용히 채우며 영혼의 갈증을 해갈해줄 것입니다. 저자의 목회 현장과 삶으로 경험된 글이 독자들 인생의 갈한 곳을 채우며, 강력하게 역사하는 말씀이 되리라 믿습니다.

신용백 시냇가푸른나무교회 담임목사

● ● ● 남아프리카에서 비평학적인 구약 해석학을 공부하며 혼란스럽던 시절, 미국에서 나에게 구약 신학을 가르쳐주셨던 교수님에게서 한 통의 긴 친필 서신을 받게 되었다. 스승의 사랑과 기도와 간절한 마음을 읽을 수 있었던 그 글에 이런 말씀이 있었다. "사랑하는 한영 군, 성경은 분석의 대상이 아니라 하나님의 인격적인 말씀임을 꼭 기억하기 바랍니다." 이후 나는 성경에서 하나님의 음성을 들을 수 있었다.

그런데 지난 20년 동안 신학교에서 구약을 연구하고 가르치는 이 시점에 나는 또 한 번의 진정한 전환점이 되는 '두 번째 편지'를 받게 되었다. 바로 이 책《말씀 앞에 선 당신에게》이다. 성경 말씀은 단순한 지식이나 정보나 자료가 아니라 그 본질과 전해지는 방식이 하나님의 거룩한 인격성을 함축한 것이며, 그 말씀 앞에 전인적으로 서게 될 때 놀라운 지정의의 변화가 일어남을 전심으로 이야기하고 있다. 나는 본서를 읽어 내려가며 성경 말씀과의 만남이 곧 하나님과의 인격적인 만남임을 깨달으면서 마음 깊은 곳에서 회개가 되고 또한 희열을 느낄 수 있었다.

가득한 구름으로 덮인 신비로운 산 정상에 두 사람이 서 있다. 한 사람은 비행기에서 낙하산으로 내려 그곳에 도착했고, 다른 사람은 발과 손과 얼굴이 부르트고 온몸이 상처투성인 채 산기슭에서부터 파란만장한 장애물을 이겨내며 그곳에 이르렀다. 우리는 그 산에 대한 이야기를 누구에게 들어야 할까? 강산 목사님의 이야기를 통해 거룩하신 하나님의 말씀 앞에 선 우리 모두가 예수 그리스도의 인격으로 다시 한번 본질적인 변화를 경험하게 되길 진심으로 기대한다.

이한영 아세아연합신학대학교 구약학 교수, 한국복음주의 구약신학회 회장

● ● ● "자기 나이만큼 성경을 읽지 못한 사람은 인생을 헛되이 산 것이다"라는 말은 대부분 그리스도인의 얼굴을 화끈거리게 한다. 그런데 저자는 이미 신구약 성경을 130번 정독했다. 그는 하나님의 말씀을 진지하게, 성실하게 그리고 치열하게 읽어낸다. 이 책의 내용은 그의 내공을 여실이 입증하고도 남는다.

저자의 성경 읽기는 단순히 통독 횟수만 늘려가는 반복적인 다독多讀이 아니고, 전문성이 바탕이 된 치밀한 정독精讀이다. 또한 저자의 본문 이해는

지나치게 현학적인 성경학자들의 성경 해석과는 결이 다르고, 일선 목회자로서 목회 일선에서 몸으로 부대끼며 고민하며 기도하며 파악한 현장성 있는 성경 해석이다. 특히 본문 중간에 부록처럼 들어간, 구약 성경과 신약 성경의 흐름을 집약적으로 정리한 부분은 전문성이 바탕이 된 내용으로 신구약 성경 전체를 일목요연하게 드러낸다. 또한 하나님 말씀의 영향력과 하나님의 말씀을 바로 읽는 방법을 기록한 부분은 이 책의 압권이라 할 수 있다.

이 책을 읽고도 성경을 펴보지 않는 사람이 과연 몇 명이나 있을까? 이 책은 독자에게 평생의 은인으로 기억될 것이다.

차준희 한세대학교 구약학 교수, 한국구약학회 회장 역임, 한국구약학연구소 소장

차례

"여호와여 말씀하옵소서 주의 종이 듣겠나이다"

사무엘상 3:9

영혼 깊은 데까지 들어가는 말씀

"목사님, 배가 고파서 왔습니다."

교회 문이 열리고 한 사람이 들어왔습니다. 허름한 옷과 낡은 신발도 눈에 띄었지만, 그보다 훨씬 더 곤고해 보였던 것은 낙망에 찌든 그의 얼굴이었습니다. 주름진 얼굴은 나이보다 훨씬 더 들어 보이게 했고, 고통스럽게 상한 목소리는 자신의 본래 음성을 이미 오래전에 잃어버린 것처럼 들렸습니다. 그의 말에선 어둠, 약함, 심지어 비굴함까지 느껴졌습니다. 그래도 그의 첫마디에는 어떤 진실이 묻어 있었습니다.

부랴부랴 교회 냉장고에서 초코파이 한 상자를 꺼내 가져왔습니다. 그는 고맙다는 말도 없이 마치 자기 것인 양, 상자에 있던 초코파이를 입에 쑤셔 넣었습니다. 하지만 여전히 배가 고프다고 했습니다. 그것으로는 배고픔이 채워지지 않는다고 말했습니다. 우리도 이따금 과자나 빵으로는 채워지지 않는 허전함과 배고픔을 느끼지 않습니까? 저는 이걸로는 안 되겠다는 생각이 들어 교회 앞에 자주 가는 분식집으로 그를 데리고 갔습니다. 다른 사람 눈에 잘 띄지 않는 구석 자리에 그를 앉히고 설렁탕을 하나 시켰습니다.

따끈한 설렁탕 한 그릇을 말 그대로 게 눈 감추듯 먹어 치웠습니다. 그런데도 그는 고개를 들어 여전하게 호소했습니다.

"목사님, 그래도 여전히 배가 고픕니다."

저는 한 그릇을 더 시켜야겠다고 말했습니다. 그래서 식당 아줌마를 부르려고 손을 드는데, 그는 제 손을 잡아 내리며 의미심장한 말을 했습니다.

"목사님, 제가 지금 말하는 허기는 그런 배고픔을 말하는 것이 아닙니다."

저는 설렁탕 값을 계산하고 그와 함께 교회로 올라왔습니다. 그리고 함께 교회 바닥에 앉았습니다(당시에는 교회에 의자가 없었습니다). 그때 저는 무엇을 해야 할지 직관적으로 알았습니다. 성경책을 펴서 그에게 하나를 주고, 저 또한 다른 성경책을 꺼내 한 부분을 함께 읽기 시작했습니다. 우리 앞에 펼쳐진 성경은 마태복음 5장이었습니다. 저는 1절부터 읽기 시작했습니다.

> 예수께서 무리를 보시고 산에 올라가 앉으시니 제자들이 나아
> 온지라 입을 열어 가르쳐 이르시되" 마 5:1~2.

그 사람은 말없이 성경책에 눈을 고정하고 제 목소리에 집중했습니다. 저는 그의 머리에 달린 귀가 아니라 그의 영혼에 달린 귀가 아까 먹은 설렁탕보다 더 간절하고 갈급하게 그 말씀을 듣고 있다는, 아니 먹고 있다는 느낌을 받았습니다. 저는 그 간절함과 갈급함을 채워주고자 계속 말씀을 읽어나갔습니다.

> 심령이 가난한 자는 복이 있나니, 천국이 그들의 것임이요
> 애통하는 자는 복이 있나니 그들이 위로를 받을 것임이요
> 온유한 자는 복이 있나니 그들이 땅을 기업으로 받을 것임이요
> 의에 주리고 목마른 자는 복이 있나니 그들이 배부를 것임이요 3~6.

저는 그 순간 하나님 말씀이 한 사람의 영혼 가장 깊은 곳까지 들어가는 것을 느낄 수 있었습니다. 마치 오랜 금식을 마무리하고 처음으로 마시는 물이나 죽이 입과 식도를 지나 위장을 통과해 몸의 끝 부분까지 흡수되고 전달되는 그런 느낌 말입니다. 그는 조금씩 어깨를 들썩이더니 들고 있던 성경 책 위로 눈물을 떨어뜨렸습니다. 갈급함과 배고픔이라는 삭막한 심령에 하나님의 말씀이 단비처럼 만나처럼 내리는 그 감동의 순간을 보며 성경을 읽어 내려가던 제 시야도 눈물로 흐려졌습니다. 그 사람은 울먹이면서도 진지하게 말했습니다.

"목사님, 계속 읽어주십시오. 아직도 배가 고픕니다."

그랬습니다. 그의 배고픔은 육신의 것 때문이 아니었습니다. 아모스 선지자가 오래전에 예언했던 것처럼 그 갈급함은 영적인 데 있었습니다. 물론 그 영적인 것은 육신적인 것과 분리된 게 아닌, 그 모두를 아우르는 것이었습니다.

주 여호와의 말씀이니라 보라 날이 이를지라 내가 기근을 땅에 보내리니 양식이 없어 주림이 아니며 물이 없어 갈함이 아니요 여호와의 말씀을 듣지 못한 기갈이라 암 8:11.

송골송골 배어 나오는 눈물을 닦고 다음 구절을 읽으려고 숨을 들이마시는 순간, 저는 잠에서 깼습니다. 꿈이었습니다. 그러나 제게는 단순한 꿈이 아니었습니다. 요셉과 다니엘이 꿨던 꿈처럼 제 인생과 미래를 바꾸는 꿈이었습니다. 그 꿈은 히브리 단어 '슈부'(돌아서다. 회개하다)처럼, 하나님께서 저에게 보이신 방향 전환의 신호였습니다. 지난 목회의 시간 속에서 이따금 하나님 말씀이 아닌 인간 철학과 세속적인 사업 계획으로 목회에 성공해보려 했던 태도에 대한 회개였으며, 이제 사나 죽으나 저 자신과 교회 성도를 위해 제가 할 일은 생명의 물이요, 영생의 양식인 진리의 말씀 곧 하나님의 말씀만을 전해야겠다는 의미에서의 방향 전환이었습니다. 제가 기대하고 바라는 성공의 방향이 아니라 진정으로 하나님께서 원하시는 생명의 방향으로 나아가기로 한 것이었습니다. 사람의 말이 아니라 오직 하나님 말씀을 제가 먼저 바르게 먹고, 그 말씀을 주님께서 보내신 성도들에게 충분히 먹이는 것이 바로 하나님께서 저를 부르신 가장 중요한 이유임을 선명하게 알게 되었습니다.

그래서 저는 말씀을 열심히 읽고 연구하고 묵상했습니다. 말씀을 먹이려면 제가 먼저 먹어야 했고 말씀을 전하려면 가장 먼저 저 자신에게 알려야 했기 때문입니다. 제가 무슨 말인지도 모르는 내용을 말할 수 없었고 제가 감동받지 못한 말씀으로 성도들을 감동하게 할 수 없었습니다. 무엇보다 제가 살지 않는 말씀으로 이렇게 살라고 설교할 수 없었습니다. 하루가 시작되면 새벽부터 점심을 먹을 때까지 오전 시간을 온전히 기도와 말씀에 헌신했습니다.

그러자 놀라운 일이 일어났습니다. 가장 먼저 제 안에 하나님 말씀이 날마다 새롭게 역사하기 시작했고 또 그것이 흘러넘쳐 성도들의 삶에도 은혜를 주었습니다. 제가 워낙 부족한 목사라서 많은 성도를 모으고 큰 교회를 세우는 사역은 하지 못했지만, 성도들 한 사람 한 사람이 하나님 말씀 속에서 배고픔을 해결할 뿐 아니라 조금씩 성장하여 말씀대로 살면서 그 말씀을 누리는 것을 보기 시작했습니다. 제가 꿈에서 본 그런 상황이 이제는 더 이상 꿈이 아닌 현실이 되어 저 자신과 성도들에게 수없이 일어났습니다. 그 하나님의 말씀에 관해 지금까지 얻고 누린 것을 이 책을 통해 나누고자 합니다.

오직 한 가지 바라는 것은 제가 꿈에서 만난 성도처럼 배고픔과 갈급함으로 시작해주셨으면 좋겠다는 것입니다. 예수님을 만나 놀라운 변화를 체험한 사람들은 하나같이 갈급한 태도를 보였습니다. 또한, 수많은 하나님의 사람들을 보더라도 시련이든 위기든 모두 영적으로 낮아져 하나님만 바라봤을 때 은혜를 받았습니다. 그런 갈급함으로 이 책을 조금씩 열어나간다면, 분명히 하나님 말씀에 대한 단순한 지식이나 통찰을 넘어 그 말씀을 사랑하고 동행하며 결국 그 말씀으로 열매 맺는 말씀의 사람의 될 것을 기대합니다.

이 책은 제가 하나님 말씀을 하나님 말씀답게 대하면서 변화된 것에 관한 개인적인 고백이기도 합니다. 이 책을 읽는 누구라도 제가 그랬던 것처럼 말씀 앞에 바로 선다면 그 덕분에 분명히 변화된 삶을 누리게 될 것입니다. 하나님의 말씀은 위대하기 때문입니다. 그럼, 이 말씀 앞에 설 준비가 되셨나요?

자, 이제 시작합니다.

1. 말씀이 나를
어루만지기 시작할 때

신학교를 다니던 시절에 하루에 약 60~70장의 성경을 빠르게 읽어나가던 때가 있었습니다(그러면 성경을 한 달에 일독할 수 있습니다). 그때까지만 해도 저는 말씀을 지식의 대상이요, 설교의 도구요, 익숙해져야 하는 경전으로 대했습니다. 그러다가 교회를 개척한 후 앞에서 소개한 특별한 꿈을 계기로 말씀을 소리 내어, 내게 들려주듯, 대화하듯 읽기 시작했습니다. 말씀이 주신 감동을 기록해두었고 최대한 순종해보았습니다. 그러자 나 자신이 원하는 방식으로 말씀을 다루는 것을 더 이상 멈추게 되고, 하나님의 말씀이 저를 만져주시기 시작했습니다.

하지만 현실은 참 어려웠습니다. 교회를 개척하고 3년 정도 지나자 후원은 모두 끊어졌고, 에어컨도 피아노도 없고 심지어 접이식 의자도 하나 없는 교회에 부흥은 요원해 보였습니다. 사람들은 어렵게 교회에 왔다가도 엘리베이터도 없는 3층에 교회가 있어서, 아니면 교단이 다르다고 하면서 발걸음을 돌렸습니다. 매주 목이 터져라 기도하고 전도하며, 한 편당 10시간 넘게 준비해 설교하고 찬양을 인도했지만 모두가 떠난 후 주일 저녁에 헌금 정리를 하다 보면 10만 원도 들어오지 않는 헌금함을 보면서 낙망과 좌절이 밀려들었습니다. 저도 인간이고 두 아이를 기르는 아버지였기에 당시에 느꼈던 아픔은 지금도 생생합니다. 문제는 그런 시간이 계속 이어져 월세가 밀리고 공과금이 밀려서 빚이 500만 원 가까이 불어난 것이었습니다. 이제 더 이상 어떤 인간적인 방법으로 해결할 길은 보이지 않았습니다. 바로 그때 저는 지금까지와는 전혀 다르게 말씀을 만나기 시작했습니다. 하나님은 제가 말씀을 대하는 태도를 새롭게 바꾸셨습니다. 제가 주인 되어서 말씀을 읽는 시간이 점점 말씀이 주인 되시어 저를 만나주시는 시간이 되었고, 제가 원하는 방식으로 말씀 주변에서 분주하게 돌아다니던 마르다의 모습이 바뀌어 마리아처럼 말씀 아래 스스로 낮아져 듣기를 사모하게 되었습니다.

아침마다, 틈날 때마다, 이따금 식사를 거르면서도 말씀을 읽었습니다. 그러자 단어를 지나 문맥이 보이고, 문맥이 지나 문단이 그려졌습니다. 성경 각 책의 흐름이 이어지다가 다른 책과 연결되고 구약의 한 책이 다른 구약의 한 책을 관통해서 신약에 와서 만나는 것을 수없이 경험했습니다. 빛이 스펙트럼에 따라 모양과 색이 달라지면서도 동일하게 그 모습으로 영롱히 빛나는 것처럼, 성경 속 다양한 말씀들이 보석처럼 제 안에 밝음이 되고 생명이 되었습니다. 개척 교회에서 힘들고 어려운 시간을 만날 때마다 말씀은 하나님의 입에서 직접 나오는 듯했고, 말씀을 읽을 때도 기도할 때도 심지어 잠을 잘 때도 하나님께서는 말씀을 통해 저에게 염려하지 말 것과 잠잠히 기다리라는 메시지를 주셨습니다. 그렇게 말씀과 인격적인 연애가 시작되었습니다. 하나님의 말씀이 나를 사랑하심을 깨달았고, 나를 인격적으로 대하시는 말씀을 나도 진실로 사랑하게 되었습니다.

그렇게 사랑이 깊어지자 주님은 제게 특별한 기회를 주려고 하셨습니다. 사랑의 관계가 처음 시작될 때는 서로 피상적인 내용만 주고받지만 그 관계가 깊어지면 과거의 오랜 상처와 아픔도 나누게 되듯, 하나님의 말씀은 제 심장 깊은 곳으로 들어오셨고, 삶 중심부까지를 파고들어 제가 가장 드러내기 싫어하고 나누기 싫었던 그것까지 끄집어내셨습니다. 그중 가장 강력하고 고통스럽고 특별했던 내용은 바로 '용서'에 관한 것이었습니다. 하나님의 말씀은 그때부터 저에게 '용서의 말씀'이 되었습니다. 거절할 수 없는 사랑으로, 내일을 기다릴 수 없는 시급함으로 저를 파고들기 시작했습니다. 예를 들어, 창세기의 요셉 이야기를 읽는데, 그 형들을 용서하는 요셉의 마음을 입혀 주셨고, 출애굽기를 읽는데도 용서하시는 하나님의 마음이 전기 충격처럼 느껴졌습니다 출 34:7. 사무엘서를 읽으면 다윗을 용서하시는 하나님의 모습이 들어왔고 열왕기를 펼치면 솔로몬이 기도하는 내용 중에서 용서의 기도가 가슴속 깊게 들어왔습니다 왕상 8:50.

사실, 저는 아버지에 대해 매우 가슴 아픈 과거가 있는 목회자입니다. 아버지는 정말 훌륭한 목회자였습니다. 가난하고 어려운 상황에서도 늘 주님이 주신 사명을 이루시고자 최선을 다하셨습니다. 가정을 사랑했고 성도들을 사랑하셨습니다. 주님께서 명하시는 곳이라면 어디에라도 목회 현장을 새로 꾸렸고, 어려운 상황에서 교회를 건축하시느라 몸도 많이 상하셨습니다. 저는 그런 아버지를 무척이나 사랑하고 존경했습니다. 초등학교 시절에 선생님께서 존경하는 사람의 이름을 적어보라고 하면, 저는 1초도 망설임 없이 아버지 이름 세 글자를 적었습니다. 한마디로 저는 아버지처럼 되고 싶었습니다.

그러나 불행하게도 제 아버지는 유혹에 넘어가고 말았습니다. 어머니와 자식들을 버리고 다른 여자와 가정을 꾸려서 떠나

버리셨습니다. 저는 그날 밤을 아직도 생생히 기억합니다. 아마 대다수 사람은 상상이 되지도 않을 것입니다. 존경받던 한 교회의 담임 목회자가 가정과 교회를 버리고 떠난 후 남겨진 사모와 그 자녀들이 어떤 수치와 모멸을 당했는지를. 얼마나 괴롭고 치가 떨리는 상처를 안고 살아야 했는지를. 얼마나 어둡고 추운 밤들을 울고 한탄하며 보내야 했는지를.

무척이나 사랑했던 사람을 향한 배신은 그만큼 무서운 적개심과 복수심으로 변했습니다. 솔직히 말해서 저는 아버지를 '죽여버리고' 싶었습니다. 밀물과 썰물 같은 인생의 흐름 속에서 모래가 와서 덮고 바닷물이 와서 쌓이더라도 오랜 세월 바뀌지 않는 해안선처럼 제 마음속 깊은 곳에는 그 원한과 고통이 지워지지 않는 흉터처럼 새겨져, 하루하루를 그저 꾸역꾸역 밀어나가며 살아낼 수밖에 없었습니다.

그런데 인격 되신 말씀이 들어와 그 밀물과 썰물의 지겨운 흐름을 멈추고 해변의 모래 속 깊은 곳에 파묻힌 제 상처와 마음을 드러내기 시작하셨습니다. 우리도 '정말 이것만큼은 건드리지 않으면 좋겠다'는 것이 있지 않습니까? 그런데 하나님은 바로 그것을 건드리셨습니다. 끊임없이 떨어지는 물방울이 바위에 구멍을 뚫듯이 하나님의 말씀은 상처로 덧댄 두꺼운 마음을 조금씩 얇게 만드셨습니다. 그리고 결국 마지막이 오고야 말았습니다.

어느 날 새벽, 교회에서 기도하고 집으로 가는데, 교회 앞에 〈국민일보〉 한 부가 덩그러니 놓여 있었습니다. 구독을 신청하지도 않았는데, 누군가 놓고 간 것입니다. 그래서 열어보았더니 광고란에 한 목회자가 사역을 마무리하면서 출간한 책의 독후감 공모전을 한다는 내용이 눈에 들어왔습니다. 더 특별했던 것은 목회자 부분에서 1등을 한 사람에게 상금 500만 원을 준다고 적혀 있었던 것입니다. 처음에는 당연히 불가능하다고 생각했습니다. '글 잘 쓰는 사람이 얼마나 많은데…, 그것도 딱 한 명인데….' 당장 책 살 돈도 없었고, 무엇보다 독후감을 낼 생각도 없었습니다. 그런데 그다음 날에 에스더와 전도서를 읽다가 "이때를 위함이라"라는 말씀이 들어왔습니다. 그 말씀이 저에게 크게 들렸습니다 에 4:14, 전 3:11.

친구에게 돈을 빌려서 책을 사서 하루 만에 다 읽었습니다. 어린 시절 상처를 이기고 귀한 하나님의 종으로 쓰임받은 한 목회자의 일대기였습니다. 그분과 저의 삶에는 겹치는 부분이 있었고, 처음에는 그 내용으로 독후감을 쓰기 시작했습니다. 그즈음 느헤미야를 읽고 있었는데 율법 책을 읽고 깨달은 후 회개하는 장면이 천둥처럼 다가왔습니다 느 9:3. 하나님께서는 저에게 말씀이든 책이든 그 내용으로만 지식으로만 이해하는 것은 말씀을 만난 것이 아니요, 오직 그 말씀이 주시는 찔림과 감동을 따라서 순종하고 열매를 맺는 것이 진정 말씀을 만난 것임을 깨닫게 하셨습니다. 특히 독후감을 쓰는 동안 사복음서가 새롭게 다가왔습니다.

마태복음 6장의 주기도문에서 용서가 나왔고(12절. "우리가 우리에게 죄지은 자를 사하여 준 것같이 우리 죄를 사하여 주시옵고"), 13절에서 "나라와 권세와 영광이 아버지께 영원히 있사옵나이다 아멘"으로 주기도문이 마무리된 후에도 예수님은 두 절을 더 이어가시며 용서를 강조하셨습니다. "너희가 사람의 잘못을 용서하면 너희 하늘 아버지께서도 너희 잘못을 용서하시려니와 너희가 사람의 잘못을 용서하지 아니하면 너희 아버지께서도 너희 잘못을 용서하지 아니하시리라"6:14~15. 예수님은 그렇게 말씀으로 강조하셨고 밀어붙이셨습니다. 마태복음만이 아니었습니다. 마가복음과 누가복음에서도 용서하지 않으면 우리가 받은 용서가 무효가 됨을 깨닫게 하셨습니다막 11:25, 눅 6:37. 그것은 참으로 무시무시한 말씀이었습니다. 저는 더 이상 그 말씀을 거절할 수 없었습니다.

그래서 저는 그 철저한 인격이신 하나님 말씀을 바로 만나기 위해 아버지를 찾았고 그리고 용서했습니다. 물론 그 과정은 쉽지 않았습니다. 그러나 하나님 뜻대로, 말씀대로 하고자 하니, 하나님께서는 기회를 주셨고, 감동을 주셨고 능력을 주셨습니다.

하나님의 말씀은 정말 살아 역사하셨고 그 말씀대로 살고자 하면 힘을 주시는 것을 체험했습니다.

그렇게 한 달이라는 시간이 흘렀습니다. 이제 독후감 제출 마감 기간이 되었습니다. 저는 말씀과 제 삶의 변화를 고백적으로 담아 독후감을 완성하고 원고를 보냈습니다. 그때, 그런 마음이 들었습니다. 이 독후감으로 상을 받지 못하더라도 하나님께서 하신 더 위대한 일이 제 삶에 이루어진 것으로 충분하다고. 할 수 없었던 아니, 하고 싶지 않았던 일을 말씀으로 이루신 것에 충분히 감사하다고. 물론 저의 재정 상황은 여전히 무척 어려웠지만 그 어떤 불안이나 염려도 더 이상 생기지 않았습니다. 그렇게 한 달이 지나갔습니다.

어느 날 새벽, 교회로 나가는데 누군가 우리 교회를 다녀가는 것이 보였습니다. 달려가 보니 〈국민일보〉를 넣는 사람이었습니다. 저는 구독료를 낼 돈이 없다고 말했지만, 그분은 누군가가 십자가교회에 1년간 후원해서 넣는 것이라고 부담 없이 보라고 하셨습니다. 안도하면서 신문을 펼쳐보는데, 광고 1면을 펼쳐 놓고 펑펑 울고 말았습니다. 독후감 공모전 목회자 부분 대상에 바로 제 이름이 있었습니다. 누군가 지나가다가 그런 저를 보았다면 미친 사람인 줄 알았을 것입니다. 개척 당시 날마다 울면서 보냈지만, 그날에는 다른 종류의 눈물이 하염없이 흘러내렸습니다.

말씀을 통해 인격적으로 만난 하나님은 저에게 용서를 선물하셨고, 용서가 얼마나 중요한지를 깨닫게 하셨으며, 누군가를 용서할 기회와 힘을 주셨습니다. 500만 원은 바로 그 위대한 용서와 회복 이야기의 덤일 뿐이었습니다.

상금을 받으러 천안까지 갔습니다. 저는 대상이라서 마지막에 소감 발표가 있었습니다. 앞에서 많은 분이 길게 소감을 발표하는 바람에 정작 제가 쓸 시간은 1~2분 정도에 불과했습니다. 저는 기도했습니다. 그러자 성령님께서 말씀을 주셨습니다. 저는 1분이면 충분하다고 했습니다. "위대한 독후감이 나올 수 있었던 이유는, 위대한 책이 있었기 때문이고, 위대한 책이 나올 수 있었던 것은 위대한 삶이 있었기 때문입니다. 그리고 위대한 삶이 나올 수 있었던 이유는 위대한 말씀이 있었기 때문입니다."

이처럼 하나님의 말씀을 살아계신 인격으로 만나는 것은 참으로 감격적이고 실제적인 삶의 변화를 이루는 길입니다. 지식과 정보로만 들었던 말씀이 손과 발로 연결되는 체험이요, 마치 굳어진 조각물에 생명이 덧입혀져 살아 숨 쉬는 나무가 되어 꽃을 피우고 열매를 맺는 것과 같은 감격입니다. 글에 아무리 밑줄을 그어도 별반 달라지지 않던 언행심사가 삶의 깊은 자리에 말씀이 그어지면서 믿음과 소망과 사랑의 실체가 되는 것입니다.

물론 그 과정은 쉽지 않습니다. 말씀을 그저 지식과 이해의 대상으로 자기 마음대로 처리하다가 그 말씀이 내 삶에 주인으로 들어와 나의 영역 전체를 흔드는 것은 지진을 글과 영상으로만 접하다가 직접 체험하는 것처럼 질적으로 전혀 다른 사건입니다. 하지만 겸손히 나를 낮추고 그 말씀을 경외함으로 말씀 앞에 엎드리고 말씀대로 순종할 때, 얻어지는 과정과 결과는 그림으로 보는 음식과 직접 입에 넣어보는 음식처럼 거대한 차이가 있습니다. 저는 하나님의 말씀이 살아 계시며 그 말씀을 인격적으로 인정하고 환영하며 순종하는 자에게 기필코 변화가 일어난다는 사실을 죽는 날까지 많은 사람에게 전하고 싶습니다. 이 책은 이러한 간절한 소원을 담아 꼭꼭 눌러쓴 저의 고백입니다. 저에게 일어난 말씀의 인격적 역사가 이 책을 읽는 많은 독자 여러분에게도 일어나길 기대합니다.

2. 삶의 결정적 시금석

중학교 1학년 무렵, 저와 제 동생은 갑작스럽게 부모님과 떨어져 백부님 댁에 얹혀살아야 했습니다. 당연히 전학도 가야 했습니다. 한 번도 가본 적 없는 동네의 새 학교로 전학차 등교하던 첫날, 백모님과 함께 한참을 걸어 그 학교까지 갔습니다. 하지만 수업을 마치고 돌아오면서는 어디로 가야 할지 몰랐습니다. 백부님 댁으로 가는 길을 잃어버린 것입니다. 그래서 공중전화를 찾아 전화를 걸었습니다. "백모님! 어디로 가야 할지 모르겠어요." 당황한 저에게 백모님은 첫마디로 이렇게 말씀하셨습니다. "산아! 너 지금 어디에 있니? 있는 곳을 말해 봐." 이처럼 길 잃은 사람이 가장 먼저 할 일은 방향을 찾기 전에, 자신이 서 있는 위치를 정확하게 아는 것입니다.

한국 교회는 말씀에 관한 한 기독교 역사에서 그 유래를 찾기 어려울 만큼 위대한 역사를 간직하고 있습니다. 선교사가 들어오기 전에 성경책부터 번역되어 들어왔고, 지식인들이 먼저 하나님의 말씀을 읽고 변화되었습니다. 초기 한국 교회에는 말씀을 깊게 읽고 가르치며 설교하는 '사경회'라는 전통이 있었습니다. 지금도 예배 중 설교 시간이나 사역적인 분량을 보더라도 이 말씀 전파가 지닌 위상은 거의 압도적입니다. 신학교나 말씀을 가르쳐주는 곳도 상당히 많습니다. 예전에는 독일이나 미국에서 들어온 신학이나 교재로 공부했지만, 이제는 한국 출신의 세계적인 학자들이 나오고 있으며 국내에서 박사학위를 받는 목회자도 상당합니다. 기독교 출판사 수도 많고 성경에 관한 수준 높은 주석에서부터 평신도도 쉽게 읽을 수 있는 관련 도서들까지 말씀에 대한 정보는 차고 넘칩니다. 물론 이상한 강의도 많아서 분별이 필요하지만, 유튜브를 조금만 검색해보더라도 하나님 말씀을 가르치고 전하며 배울 기회는 무궁무진합니다.

그런데 말입니다. 한국 교회가 지금 왜 이 모양입니까? 거룩한 말씀을 그렇게 읽고 가르치는데 거룩한 성도를 찾기가 너무나 어렵습니다. 진리의 말씀을 그렇게 공부하는데 신학생들부터 진실하지가 않습니다. 생명의 말씀을 전하는 목회자들부터 생명이 없습니다. 사랑의 말씀을 설교하고 듣는데 어째서 교회는 사랑 없는 공동체로 지탄받고 있습니까? 스스로 우리가 서 있는 현실에 진실해지자는 것입니다. 그렇게 하나님 말씀을 열심히 공부한 교수와 박사들이 왜 그 말씀대로 살지 않습니까?

정말 몰라서 못 사는 것입니까? 매일 아침 큐티 하고, 모이기만 하면 말씀을 나누며, 스마트폰에 성경 앱을 여러 개 깔아 놓고 가까이하는 우리가 어째서 이렇게 사회에서 욕을 먹고 있습니까? 정말 예수 그리스도를 닮아 그분의 길로 걸어가기 때문에 당하는 비난과 수치라면 얼마든지 감당할 수 있습니다. 마땅히 받아야 합니다. 그런데 교회 세습부터 시작해서 재정 비리와 성적인 범죄까지, 예수님을 안 믿는 사람들과 전혀 다를 바 없는 그 수많은 죄를 보십시오. 차마 다 입에 담을 수 없을 정도입니다.

더 가증스러운 것은 우리가 이중적이고 가식적이라는 사실입니다. 전도를 안 하면 실감이 안 날 수 있지만, 현장에서 날마다 복음을 전하는 사람으로서 저는 심히 고통스럽습니다. 성경 때문에 복음이 전해지지 않는 것이 아니라 그 성경을 읽는다는 사람들 때문에 복음이 막히고 있습니다. 하나님 말씀을 더 많이 안다는 사람이 왜 더 많은 죄를 범하고 있습니까? 하나님 말씀에 관한 한 그 어느 때보다 풍성하다는 이 나라와 이 세대가 어째서 그 어느 때보다 하나님 말씀과 상관없는, 더 적나라하게 말하자면 말씀과 정반대의 모습으로 살아가는가 하는 것입니다.

말씀의 문제인가?
사람의 문제인가?

그 이유는 아마도 둘 중 하나일 것입니다. 하나님의 말씀이 잘못되었던가 아니면 그 말씀을 읽고 가르치고 전하는 자들이 잘못된 것입니다. 만일 하나님 말씀이 잘못되었다면 저는 여기서 글쓰기를 그만두어야 합니다. 아무리 대단한 내용을 담는다고 해도 효과 없는 약을 파는 것과 같고, 아무리 감동적인 이야기가 담겨 있더라도 가짜를 진짜처럼 조작하는 것이니까요. 하나님 말씀 자체가 잘못되었다면 우리는 지금 우물에서 숭늉을 찾는 것입니다. 바울이 고린도전서 15장 19절에서 부활에 관해 적용한 표현을 사용하자면, 가짜 말씀을 진짜처럼 읽고 전하고 쓰는 자는 세상에서 가장 불쌍한 사람입니다.

하지만 저는 말씀이 잘못되었다고 인정할 수 없습니다. 하나님 말씀은 세상을 창조하셨고 지금도 이끌어 가시며 역사 속에서 저를 비롯하여 수많은 죄인을 구원하고 변화하게 하셨기 때문입니다.

　이제 남은 것은 바로 하나님의 말씀을 읽고 가르치고 전하며 들은 자들의 잘못일 것입니다. "이 예언의 말씀을 읽는 자와 듣는 자와 그 가운데에 기록한 것을 지키는 자는 복이 있[다]"계 1:3고 성경은 분명히 말하고 있음에도, 우리가 복된 삶을 살지 못하는 이유는 그 말씀을 바로 읽고 바로 듣고 바로 지키지 않고 있기 때문입니다. 가령 어떤 여인이 거울을 보고 왜 이렇게 못생긴 거야 하면서 거울을 깬다면 어떻게 될까요? 바꾸어야 할 것은 거울이 아니라 그 거울에 비친 자신이 아닐까요? 우리가 바꾸어야 할 것도 말씀이 아니라 자기 자신입니다. 더 정확하게 말해 그 말씀 앞에 바로 서 있지 못한 우리의 태도입니다. 저는 성경에 대한 우리의 태도를 근본적으로 바꿀 것을 제안합니다. 전혀 다른 새로운 것을 하려는 것이 아니라 우리가 본디 해야 할 일을 제대로 하자는 것입니다. 바로 말씀이 말씀답게 되도록 하자는 것입니다.

　이 책에는 기존의 성경 읽기나 성경 개론서에서 소개되는 내용을 담지 않았습니다. 성경의 영감설이나 성경 각 권에 대해 체계적으로 정리한 책은 아닙니다. 책을 쓴 목적 자체가 다르기 때문입니다. 저는 성경을 성경답게 대하는 태도가 얼마나 중요한지 말하려 합니다. 그 일이 더 중요하고 시급하다고 생각합니다. 성경을 기록한 저자나 성경 역사 및 내용을 개관하는 책들은 많습니다. 그중 일부는 성경을 정보화하는 데 그치거나 심지어 단기간에 '완전 정복'이 가능하다고 강조합니다. 그렇지만 성경은 그렇게 간단하게 정리되는 책이 아닙니다. 성경은 '만남'의 대상이고 '대화'의 대상이며 '사랑'의 대상입니다. 성경을 만남으로 개인과 교회 공동체가 모두 변화되는 데에 목적이 있습니다.

하지만 많은 사람이 하나님 말씀 자체에 별 관심이 없습니다. 책을 읽지 않는 시대의 영향 때문이기도 합니다. 스마트폰을 필두로 영상물과 미디어에 과도하게 중독되어 있습니다. 일주일에 한 번도 성경을 안 읽는 사람도 있습니다. 목사가 되려고 신학교에 갔는데 신학대학원을 졸업할 때까지 성경에 관련된 책은 수십 권을 읽으면서도, 성경을 처음부터 끝까지 단 한 번도 연구하지 않고 학교를 마치기도 하고, 얼마 전에는 성경을 1독도 하지 않은 사람이 목사가 되는 것도 보았습니다.

더 나아가 성경을 읽기만 해서도 안 됩니다. 성경을 많이 읽었다고 하면서도 그냥 지식만 쌓은 경우도 있기 때문입니다. 성경의 한 부분만 뽑아내 자신에게 필요한 부적처럼 사용합니다. 자기가 말하고 싶은 내용을 강조하려고 성경을 이용하는 것입니다. 그것을 설교라고 부르기도 합니다. 어떤 사람은 자기에게 유익하고 감동이 되는 구절에만 줄을 쳐놓고 연결해서 만든 후에 그것을 하나님 말씀의 '전부'라고 용감하게 주장합니다. 어떤 사람은 성경이 처음 기록된 시대 배경을 무시합니다. 마찬가지로 어떤 사람은 성경을 지금 이 시대와는 상관없는 것으로 여기기도 합니다. 성경적으로 살아야 한다고 하면서 성경적인 것이 무엇인지 모르고, 또 알더라도 그렇게 살지 않습니다.

지금 나에게 하나님의 말씀은 무엇입니까? 그 말씀대로 살았습니까? 질문에 어떻게 답하는지에 따라 나의 신앙 전체의 현재 상태가 드러날 것입니다. 자신이 성경을 어떻게 대하고 있는지 성경이라는 거울로 언행심사를 비추어 검토해보아야 합니다. 말씀 앞에 어떻게 서 있습니까?

3. 태도가 바뀌면
생명의 흐름이 달라진다

　　고등학교 수업 시간에, 유명한 한 장의 그림 앞에서 저는 큰 충격을 받았습니다. 작가나 제목을 기억하지는 못하지만, 한 백인 여성이 알몸으로 목욕하고 있었고 그 뒤에는 검은 피부를 한 남자 한 명이 서 있었습니다. 생각해보십시오. 피부색을 떠나서 남자가 서 있는데, 어떤 여성이 자연스럽게 목욕을 할 수 있겠습니까? 하지만 그림 속 여자의 표정은 지극히 평화로웠습니다. 마치 늘 그래 왔던 것처럼 말입니다.

　　궁금하여 선생님께 여쭈어보자 이렇게 말씀하셨습니다. "저 백인 여자는 뒤에 있는 흑인 남자 노예를 사람이라고 생각하지 않았단다. 너도 생각해봐라. 네가 목욕을 하는데 뒤에 개나 고양이가 있다고 부끄럽겠니? 더 심하게 말해 그냥 로봇이 있다고 생각해보자. 있든 말든 전혀 상관없겠지?"

하나님의 말씀을 향한 우리의 태도도 이것과 크게 다르지 않습니다. 하나님의 말씀을 비인격적인 도구로만 생각하면 우리는 그 말씀을 무시하게 되며, 설사 가까이한다 해도 자기 마음대로 사용하려고 들 것입니다. 하지만 하나님의 말씀을 그분의 실존과 함께하는 인격적 의미로 받아들인다면 그때부터 우리는 하나님 말씀을 무시하거나 감히 마음대로 이용하지 못할 것입니다.

하나님의 말씀이 인격적이라고 해서 허물없는 친구로 여기라는 것은 아닙니다. 물론 하나님께서 모세와 대화하실 때 그를 친구처럼 대하셨다는 표현도 나오고 출 33:11, 예수님께서도 제자들을 친구로 부르시는 장면이 나오지만 요 15:14~15, 여기서 '친구'란 하나님의 말씀을 지키는 사람을 지칭했습니다.

근본적으로는 경외의 대상이나 존경하는 스승을 대할 때의 그런 인격적인 마주함을 의미합니다. 단순히 가깝다는 의미에서 친근함이 아니라 경외하고 우러러야 할 높은 수준의 인격적 존재를 만날 때의 경험입니다. 그래서 성경에 등장하는 위대한 하나님의 사람들은 이 말씀 앞에 엎드렸고 순복했으며 겸손하게 들었던 것입니다. 신약 시대로 오면 말씀으로 임하신 예수님 앞에서 동일한 태도를 보였습니다. 그분의 발치에 앉아 듣고 그 말씀에 순종했으며 심지어 하나밖에 없는 목숨을 내놓기도 했습니다. 결국 우리가 하나님 말씀을 바로 대할 때, 그 말씀이 원래 의도하고 목적한 바가 이루어집니다. 곧 그 말씀에 귀를 기울이고 대화하며 목숨까지도 드리는 순종을 하게 됩니다.

실제로 말씀을 단순히 연구 대상으로 또한 지식 차원으로만 생각하는 학자들의 태도와 진정 살아계신 인격적 존재로서 대하는 사람이 보이는 태도 사이에는 엄청난 차이가 있습니다. 원어 실력과 현대 철학 및 최고의 논리력으로 무장하여 하나님 말씀을 연구하고 조사하여 논문을 쓰고 성경 신학 분야에서 박사 학위까지 받았지만 말씀을 그저 해부 대상으로 대하는 사람은 그 말씀이 목적하는 방향대로 살아갈 수 없습니다. 그들에게 말씀에 대한 정보는 가득할지 몰라도 말씀을 품은 사람의 온도와 능력은 없습니다. 오히려 지금도 살아계신 참된 인격이 자신에게 말을 걸어오시는 것으로 하나님 말씀을 받아들이고 이를 사랑과 순종으로 반응하는 사람만이 점점 그 말씀으로 변화되어 예수 그리스도의 성품과 능력을 지닌 존재로 바뀝니다. 마치 친한 친구와 오래 사귀다 보면 그의 말과 습관을 닮는 것처럼 말입니다.

지금까지 다양한 하나님의 말씀이나 성경에 관한 책들을 읽어보면서 가장 크게 느꼈던 고통은 이것입니다. 즉, 성경의 원어와 문맥, 신학을 분명히 밝히려고 많은 수고를 했지만, 그보다 더 근본적인 하나님 말씀에 담긴 인격성에 대해 두렵고도 겸손하게 접근하는 책이 거의 없었다는 것입니다. 학자 대다수가 하나님 말씀을 지적 탐구의 대상이나 조직적 연구의 재료로 여기고, 목회자는 설교를 위한 도구 정도로 취급합니다. 묵상이나 기도를 통해 하나님 말씀을 '들으려는' 태도는 있지만 근본적으로 하나님 말씀을 지 - 정 - 의를 가진 전 인격적인 존재로 충분히 인식하지 못하고 있는 것이 현실입니다. 중요한 것은 바로 나 자신입니다. 나는 하나님의 말씀을 어떻게 대하고 있습니까?

우리는 하나님의 말씀을 죽은 문자로서가 아니라 지금도 살아 계시는 인격적 존재로, 하나님의 사랑이자 우리를 구원하신 예수 그리스도의 메시지로서, 지금도 역사하시는 성령님의 음성이요 감동으로 대하고, 그런 태도로 자신을 바로잡아야 합니다.

예를 들어, 우리가 책을 읽는 것과 그 저자를 직접 만나는 일은 차원이 다릅니다. 책은 언제라도 쉽게 대할 수 있기에 그런 태도로 성경에 접근하다 보니 어느 정도 소홀할 수밖에 없습니다 (요즈음은 성경이 스마트폰에 들어가 있어 더욱 그렇습니다).

그러나 저자를 만날 때는 상황이 아주 달라집니다. 화장도 하고 복장도 잘 갖추어 만나야 합니다. 그리고 일방적으로 내 말만 할 수 없고 그렇다고 상대방의 말만 듣고 오는 것도 아닙니다.

서로의 인격을 존중하면서 대화하고 이해하며 교제할 것입니다. 저는 하나님의 말씀도 그렇다고 강조합니다. 어떤 책의 저자를 만나는 일처럼, 말씀은 인격적 존재를 만나는 일입니다. 이 부분을 바로잡고 나면 우리가 하나님의 말씀을 대하는 태도가 확 달라질 것입니다. 그래서 저는 단순히 하나님의 말씀을 읽는다, 혹은 연구한다는 말보다는 "하나님의 말씀을 만난다", 혹은 "그 앞에 선다"는 말을 제안합니다. 이 책에서도 하나님의 말씀을 연구하거나 이해한다는 차원이 아니라 '그 말씀 앞에 서는 것'을 주제로 삼은 것 역시 이런 이유 때문입니다. 저는 이 책에서 성경을 쉽고 빠르게 이해하는 길보다 더욱 중요하고 근본적인 방향을 제시할 것입니다.

4. 말씀의 인격성

처음 십자가교회를 개척했을 때, 저는 매일 전도를 하러 나 갔습니다. 개척한 교회에 성도가 없었기 때문이기도 했지만, 하 나님께서 때를 얻든지 못 얻든지 항상 말씀을 전파하라고 하셨기 때문입니다 딤후 4:2. 또한 누군가를 전도해서 교회로 오게 하지 못 한다 해도 하나님께서는 말씀을 통해 그 귀한 복음을 전하는 자 체가 이미 아름답다고 하셨기 때문입니다 사 52:7, 롬 10:15.

복음과 하나님 말씀에 무관심한 사람들이 끊임없이 스쳐 지 나가던 어느 날, 제가 전하는 복음에 관심을 보이는 사람들을 처 음으로 만났습니다. 그런데 대화를 이어가면서 이들이 성경을 알고는 있지만, 뭔가 다르고 이상하게 알고 있다는 느낌을 받았습니다. 얼마 지나지 않아 그들이 바로 '여호와의증인'임을 알았습니다. 그들과 이야기하면서 가장 큰 문제라고 생각한 것은 '성령님'에 대한 이해와 태도였습니다. 그들은 하나같이 성령님을 어떤 비인격적인 물건이나 대상으로 표현했습니다. 그래서 저는 성령님께서 하나님이신 것과 인격적인 분이시라는 사실을 분명히 하고자 애썼습니다. 하지만 그들은 완강했습니다.

결국 세 번에 걸친 만남과 논쟁 끝에, 그 지역에서 가장 높은 지위를 가진 사람까지 만나게 되었고 그는 자신이 가진 성경(신세계역본)을 보여주며 성령님이 나오는 부분마다 비인격적인 명사와 대명사로 표현되어 있음을 지적했습니다. 그들에게 성령님은 인격적인 하나님이 아니라 그저 비인격적인 힘이요 도구일 뿐이었습니다. 지금도 그때 받은 충격을 잊을 수 없습니다. 이 책을 읽으시는 대다수는 '그러니까 이단이지!' 하실 것입니다. 그러면 이제 심호흡을 하고, 나도 '이단이 아닌가'를 점검해보기 바랍니다.

언제부터인가 한국 교회에서 '이단'異端을 소개하면서 한자로 '끝이 조금 다른 것'을 가리킨다고 말하기 시작했습니다. 하지만 이단은 끝이 조금 다른 정도가 아닙니다(한국에 수백 개가 넘는 장로 교단만 해도 '끝이 다른' 곳이 엄청나게 많습니다). 이단은 근본적으로 다른 자들입니다. '이단'에 대한 헬라어 원어 '하이레시스'는 자신이 원하는 것만 선택해서 분리되고 분열한 것을 의미합니다.

무엇이 근본적으로 다릅니까? 하나님 말씀에 대한 태도가 근본적으로 잘못되어 있습니다. 우리가 만일 여호와의증인처럼 성령님을 비인격인 대상으로 대한다면 이단이라는 정죄를 받아도 할 말이 없을 것입니다. 그리고 이는 하나님 말씀을 향한 태도에서도 마찬가지입니다. 교회 안에서 하나님 말씀을 읽고 공부하면서 심지어 자신만 정통이라고 가르치는 사람들 사이에서 이런 일이 일어나고 있지는 않은지 진실하게 돌아봐야 합니다. 그래서 저는 제 모든 것을 걸어서라도 이 부분을 바로잡고자 합니다.

말씀의 인격성

생각해보십시오. 한 가정에 부모와 자녀가 함께 사는데, 누군가 그 가족 구성원 중에 한 명을 사람이 아니라 동물로 대한다면 어떻게 되겠습니까? 동물 정도가 아니라 아예 비인격적인 사물이나 물건으로 취급한다면 얼마나 비극적일까요? 하물며 온 세상에서 가장 중요한 인격적인 존재를 비인격적인 존재로 취급한다면 어떻게 되겠습니까? 솔직히 오늘날 한국의 많은 성도가 하나님의 말씀을 이런 식으로 취급합니다.

어떤 사람에게 말씀은 단순한 지식이고 정보입니다. 또 어떤 사람은 약간의 오류가 있는 기록된 역사 정도로 인식합니다. 또 어떤 사람에게는 필요할 때마다 꺼내 쓰는 자기계발서입니다. 더 심하게는 육신적인 명예를 얻으려는 자가 학위나 돈벌이를 위해 삼는 수단일 뿐입니다. 이런 수많은 잘못된 방식으로 우리는 하나님 말씀을 비인격적으로 대우합니다.

그 결과 우리는 언제나 이 말씀을 이용하거나 만족할 뿐, 그 말씀 앞에 서서 들으려 하거나 대화하고 배우고 더 나아가 인격적으로 사귀려 하지 않습니다. 지금도 많은 성도가 성경을 사랑한다고 하고 하나님 말씀을 읽고 듣고 설교하고 암송도 하지만, 대다수가 말씀을 그저 죽은 문자로 생각하고 자기 편의에 따라 요리할 수 있는 재료로 인식합니다. 중요한 것은 하나님 말씀에 관해 신앙고백을 하고 교리적으로 동의하느냐가 아닙니다. 일상이라는 삶의 현실에서 실제적으로 하나님 말씀을 어떻게 인정하며 살고 있느냐가 핵심입니다.

그러면 아마도 이 글을 읽으시는 몇몇 분은, '성경에 무슨 눈이나 귀가 달린 것도 아닌데, 어째서 계속 인격을 강조하느냐'고 반문할지도 모르겠습니다. 그렇다면 이제부터 제가 전하는 내용을 잘 들어보시길 바랍니다. 우리가 하나님 말씀을 바로 알려면 무엇보다 하나님이 누구신지를 제대로 알아야 합니다. 하나님의 말씀은 하나님께서 쓰신 것이기 때문입니다. 더 나아가 하나님 말씀 자체가 또한 하나님이시기 때문입니다.

우리가 믿는 하나님은 인격적인 분입니다. 단순히 정보와 지식으로 아는 것으로는 턱없이 부족합니다. 하나님이 인격적인 분이심을 깨닫고 인식한 바에 기초해 우리 태도를 바꾸어야 합니다. 하나님은 근본적으로 우리와 다르시지만, 또한 우리와 접촉이 가능한 지식과 감정과 의지를 갖춘 분이기도 합니다. 그런 분께서 당신의 형상으로 우리를 만드셨고 그래서 우리 역시 인격적인 존재가 되었습니다.

이것이 끝이 아닙니다. 인격적인 하나님께서는 우리와 인격적인 관계를 맺고자 하십니다. 그러려면 그 통로 역시 인격적이어야 마땅합니다. 그래야 인격적인 하나님께서 우리에게 전해주신 하나님의 말씀이 인격적으로 다가오는 것입니다. 하나님께서 우리와 만나주시는 핵심 통로가 바로 말씀이기 때문입니다. 그러므로 성경에서 하나님 말씀은 단순한 물건이나 도구로 취급되지 않고 지속해서 인격적인 존재로 묘사되며 또한 그렇게 역사하십니다. 이에 대한 증거를 몇 가지 제시해보겠습니다.

창세기 1장, 요한복음 1장, 요한일서 1장

창세기 1장 3절에 "하나님이 이르시되〔말씀하시되〕"라는 구절이 나옵니다. 여기서 히브리어로 '말씀하다'라는 표현인 '아마르'는 3인칭 남성 단수인 하나님을 주어로 삼은 동사인데, 우리는 '아! 하나님이 말씀하셨구나〔발화하셨구나〕'라는 정도로 쉽게 생각하고 넘어갑니다. 하지만 요한복음 1장에서는, 그 내용을 더 깊게 알려주는 구절이 나옵니다. 하나님께서 입으로 내신 말씀, 곧 발화하신 말씀이 어떤 행위이기 이전에 존재임을 증명합니다. 요한은 그 존재를 밝히면서 "이 말씀은 곧 하나님이시니라"고 말합니다. 즉, 창세기 1장에서 하나님께서 말씀으로 천지를 창조하실 때, 발화된 존재인 '말씀'은 우리처럼 몸을 입고 오시기 전에 존재하신 성자 예수님이며 그분은 태초부터 말씀으로, 또한 하나님이면서 위대한 인격적 존재로 우리 삶에 말씀해오셨음을 알립니다. 이 두 구절의 동사와 명사가 일치되고, 존재와 사역이 연결됩니다.

물론 일부 학자는 요한복음 1장이 창세기 1장보다 시간상으로 먼저 있었던 상태를 묘사한다고 날카롭게 지적하지만, 시간의 개념을 초월한 본문에서 중요한 것은 창세기 1장에서 묘사하는 천지창조는 성부 하나님께서 혼자 하신 작업이 아니라 철저하게 삼위일체 하나님께서 함께 하신 역사로서, 하나님께서 말씀으로 세상을 창조하신 것은 바로 말씀이신 예수님께서 인격적으로 참여하고 그 역사를 감당하셨음을 보여줍니다. 바로 그 창조적이고 역사적인 장면에서 하나님 말씀은 발화됨과 동시에 존재하며, 창조하심과 동시에 인격적으로 우리 삶에 침투해 들어오셨음을 봅니다.

말씀은 (창세기에서는) 동사적으로 작용하면서도 (요한복음을 통해서는) 명사적으로 존재함을 선포합니다. 그러므로 하나님의 입에서 나온 그 말씀은 혼돈과 공허의 현실에 질서와 방향을 만들고 죽음과 같은 상황을 생명으로 향하게 하는 능력을 발휘하는 존재입니다. 그 위대한 시작에서 이미 하나님 말씀은 인격적인 존재로 선포되고 역사합니다. 이 모든 위대한 신비를 예수님은 요한복음에서 이렇게 말씀하십니다. "너희가 성경에서 영생을 얻는 줄 생각하고 성경을 연구하거니와 이 성경이 곧 내게 대하여 증언하는 것이니라" 요 5:39.

더 나아가 요한일서 1장에 가면 "태초부터 있는 생명의 말씀에 관하여는 우리가 들은 바요 눈으로 본 바요 자세히 보고 우리의 손으로 만진 바라" 1:1고 합니다. 이 말은 창세기 1장과 요한복음 1장의 사건을 연결하면서도 더 실제적으로 확장합니다. 물론 이 표현에는 요한이 성육신하신 예수님을 눈으로 보았고 손으로 만졌다는 의미가 들어 있습니다. 그런데 요한은 '예수'라고 쓰면 되는 부분을 굳이 '태초부터 있는 생명의 말씀'이라고 치환하고 있습니다. 인간 예수님에 관한 묘사의 한계를 넘어 그분의 궁극적인 존재를 창세기 1장부터 끌어와 하나님 말씀이 성육신하기 전부터 존재했을 뿐 아니라 동시에 우리의 실제 삶에 담기고 침투하신 바로 그 인격이심을 통합적으로 강조하기 위해서입니다. 그래서 요한은 여기에서 굳이 이 표현을 쓰는 것입니다.

요한일서 1장 1절에서 요한은 그 말씀과 매우 깊은 수준에서 인격적인 교제가 있었음을 분명히 고백합니다. 하지만 그것이 전부가 아닙니다. 3절에서 그는 이렇게 말합니다. "우리가 보고 들은 바를 너희에게도 전함은 너희로 우리와 사귐이 있게 하려 함이니 우리의 사귐은 아버지와 그의 아들 예수 그리스도와 더불어 누림이라." 이 구절은 그 말씀이 우리와 깊이 사귀시는 인격적인 존재임을 강조하는 것 이상의 의미를 전합니다. 예수께서 세상에 계실 때 함께 살아가셨던 당시 사람들만 하나님 말씀을 인격적으로 만나고 경험할 수 있었던 것이 아니라, 지금 누구라도 하나님 말씀을 읽는 순간 그 인격이신 분을 만나고, 보고, 만질 수 있음을 설명하는 것입니다. 아니, 그래야 한다고 도전하는 것처럼 들립니다. 그래서 바울 역시 이렇게 선포합니다. "어두운 데에 빛이 비치라 말씀하셨던 그 하나님께서 예수 그리스도의 얼굴에 있는 하나님의 영광을 아는 빛을 우리 마음에 비추셨느니라"고후 4:6.

시편과 선지서 그리고 신약성경

시편 107편을 보면, "그가 그의 '말씀을 보내어' 그들을 고치시고 위험한 지경에서 건지시는도다"20절라는 말씀이 있습니다. 물론 이 부분을 제대로 보려면 시편 제5권을 여는 107편의 전체 문맥을 살펴야 마땅합니다. 시편 107편은 위기에 빠진 당신의 백성을 하나님께서 구원하시는 내용입니다. 그런데 그 구원의 흐름 속에서 결정적인 요소로 '말씀'을 보내시는 장면이 나옵니다. 여기서 '보내다'에 해당하는 히브리 단어로 '샬라흐'를 사용하면서 말씀은 마치 한 나라에서 다른 나라로 파송된 '대사'처럼 묘사됩니다. 실제로 하나님의 말씀은 하늘나라에서 이 땅으로 보내진 인격적인 대사입니다. 말씀은 인생 일부만 개선하고 돕는 도우미가 아니라 인생의 운명을 바꾸어 이 땅에서 하나님 나라의 도래를 꿈꾸게 하는 위대한 역사의 주체입니다.

시편 107편 20절 메시지는 수많은 선지서를 통해 확장되면서 풍성하게 증명됩니다. 하나님께서는 죄악 가운데 있는 하나님의 백성에게 선지자들을 보냅니다(시편 107편처럼, 구약 시대를 살펴보면 위대한 선지자가 등장하던 시대는 역설적으로 이스라엘 역사에서 위기의 순간일 때가 많습니다). 그 선지자는 자기 말이 아니라 당연히 하나님의 말씀을 전합니다. 그리고 하나님 말씀은 영적인 진공 상태에서 전달되는 것이 아닙니다. 그분의 말씀은 언제나 철저하게 인격적인 그분의 종들을 통해 또한 인격적인 방식으로 전달됩니다. 그래서 모든 선지자는 예수 그리스도의 그림자입니다. 구약 선지자들의 존재 자체와 그들이 메시지를 전달하는 방식, 메시지의 내용과 그 메시지가 궁극적으로 목적하는 바가 모두 그러합니다.

더 들어가면, 선지자의 메시지는 그들이 인격적으로 드러낸 행동과 태도와 상징을 모두 포함합니다. 그들은 하나님의 말씀을 온몸으로 전했습니다. 전 인격으로 전했습니다. 전 생애로 전했습니다. 예를 들어 이사야 선지자는 실제로 알몸으로 다니기도 했습니다 사 20장. 에스겔 선지자는 사랑하는 아내가 죽었는데 울지도 못했습니다 겔 24장. 어떤 선지자는 그 메시지 때문에 톱으로 잔인하게 죽임을 당했습니다 히 11:37(전통적으로 이사야라고 전해집니다). 이 모든 것은 하나님 말씀이 우리 삶 속에 철저하게 인격적으로 들어오시며, 우리 역시 그 말씀에 인격적으로 반응해야 한다는 요구를 피할 수 없게 합니다.

토라 시편 혹은 말씀의 시편으로 알려진 시편 119편은 하나님 말씀에 담긴 인격적인 가치를 직간접적으로 풍성하게 표현합니다. 24절은 "주의 증거들은 나의 즐거움이요 나의 충고자니이다"라고 말씀합니다. 42절은 "내가 주의 말씀을 의지함이니이다"라고 하면서 말씀이 의지할 대상이라고 고백합니다. 96절은 "주의 계명들은 심히 넓으니이다"라고, 140절에서는 "주의 말씀이 심히 순수"하다고 묘사합니다. 이처럼 하나님 말씀에 관한 이러한 다양한 인격적 묘사를 통해 시편 119편은 말씀을 친구처럼, 애인처럼, 선생님처럼 대할 수 있음을 보여줍니다. 그래서 말씀에 관한 풍성한 감정 표현이 가능한 것이며 인격적 매달림과 묘사로 넘쳐납니다.

이제 신약으로 넘어가겠습니다. 히브리서 4장 12절은 "하나님의 말씀은 살아 있고 활력이 있[다]"고 명시하고 있고 베드로전서 1장 23절도 "너희가 거듭난 것은 썩어질 씨로 된 것이 아니요 썩지 아니할 씨로 된 것이니 살아 있고 항상 있는 하나님의 말씀으로 되었느니라" 하고 선언합니다. 물론 이것이 전부가 아닙니다. 성경의 더 많은 구절을 통해 직간접적으로 하나님 말씀이 지닌 인격성을 찾을 수 있습니다. 이 책은 논문이 아니라 성도의 삶에 실제적인 도움을 주려는 책이기에 이 정도면 충분할 것입니다.

5. 어디에서나 말씀을 듣다

대다수 그리스도인이 '말씀'이라고 하면 곧바로 성경이라고 생각합니다. 하지만 그렇지 않습니다. 결론부터 말씀드려 하나님 말씀은 성경보다 더 크고 넓습니다. 물론 이것은 매우 위험한 발언이기도 합니다. 그러나 하나님 말씀을 인격적 존재로 인정하면, 성경 그 자체는 하나님 말씀이라는 더 큰 범주에서 우리가 접근할 수 있는 기록된 일부라는 사실이 자연스럽게 인정됩니다.

하나님의 말씀은 이따금 아침 햇살로 우리에게 다가오기도 하고 계절의 변화로 다가오기도 합니다. 다시 말해 언어라는 표현 양식을 빌리는 것만이 아니라 수많은 비언어적 가치를 통해서 하나님은 말씀하실 수 있고 지금도 그렇게 하십니다. 어떤 목사들은 이 시대에 더 이상 하나님은 말씀하지 않고 오직 성경에 있는 것만 읽으라고 강조하다가도 설교 중에 "제가 이 부분을 읽는데 하나님께서 이런 감동을 주셨습니다", "제가 이 부분을 읽다가 이런 것을 깨달았습니다"라는 말을 서슴없이 합니다. 그렇다면 누가 그런 감동을 주셨습니까? 누가 깨닫게 하셨습니까? 살아계신 하나님께서 감동을 주시고 깨닫게 하신 것 아닙니까? 하나님께서 말씀하신 것 아닙니까? 육신의 귀에 들리는 말씀만이 아니라 양심과 영혼 속에 울려 퍼지는 말씀도 동일하게 하나님 말씀입니다. 그래서 성경에 바른 근거를 두고 전달된 설교도 넓게 보면 하나님 말씀이 되는 것입니다.

하나님께서는 성경을 기록하신 후에 손을 떼신 게 아닙니다. "필요한 모든 것은 성경에 다 있으니, 더 이상 나를 귀찮게 하지 말고 성경만 읽어라"고 하지 않으셨습니다. 물론 성경 말씀이 안전하고 확실한 하나님 말씀이지만, 사람들이 신약에서 구약을 인용하면서 구약 성경을 듣고 이해하는 방식을 보더라도 하나님의 말씀이 기록된 성경보다 더 크다는 것을 알 수 있습니다.

성경책에 우리가 만나야 할 배우자나 우리가 선택해야 할 직업이 나와 있지는 않습니다. 하지만 지금도 살아 역사하시는 하나님께서 우리에게 다양한 감동으로 분별하게 하시고 깨닫게 하십니다. 물론 이런 표현이 위험하다는 것을 저도 알고 있습니다. 소위 계시를 받았다면서 거짓된 것을 전해 많은 사람을 시험에 들게 한 사례도 있습니다. 시한부 종말론을 퍼뜨려 자기 욕망을 채웠던 거짓 선지자도 많았습니다. 저도 그런 피해를 봤습니다. 그러나 그렇다고 우리가 하나님의 입을 막아선 안 됩니다. 하나님 말씀은 성경에 한정되지 않고 그보다 더 크고 넓기 때문입니다.

이 말이 우리가 가진 성경으로는 부족하다는 의미는 결코 아닙니다. 한글 성경에 번역 오류나 해석 관련 오류가 일부 있지만, 우리를 구원하시는 근본 흐름과 내용은 하나님의 말씀이라는 큰 틀과 일치합니다. 제가 이런 말씀을 드리는 것은 우리가 성경을 대하는 태도와 하나님 말씀을 대하는 태도가 동일해야 함을 강조하기 위함입니다. 더 겸손해야 하며 더 마음을 넓혀야 한다는 것입니다. 아우구스티누스, 루터, 칼뱅, 웨슬리, 본 회퍼 등 위대한 하나님의 사람들이 지나온 역사를 읽어보십시오. 그들은 하나님 말씀을 읽다가 인격적인 하나님의 마음과 대면했고, 성경을 근간으로 하면서도 더 구체적인 방향과 감동을 입어 '더 큰 하나님의 음성 같은 말씀'을 세밀하고 현실적으로 만난 기록과 역사를 전합니다. 아마도 이 글을 읽는 분들에게도 그런 일들이 많이 있었을 것입니다.

성경은 분명히 "창세로부터 그의 보이지 아니하는 것들 곧 그의 영원하신 능력과 신성이 그가 만드신 만물에 분명히 보여 알려졌[다]"롬 1:20고 말합니다. 참으로 하나님 말씀은 별 속에도 있고 저 깊은 바다의 물길 속에도 있습니다. 탁월한 학자의 연구물에도 있지만 어린아이의 찬양 속에도 있습니다. 그 말씀께서 이 모든 것을 창조하셨고 지금도 통치하고 계시기 때문입니다. 가장 선명하고 안전하며 구원을 이루는 분명한 하나님의 말씀은 당연히 성경 속에 있습니다. 여기에서 이러한 넓은 범주의 하나님 말씀을 세세히 다루는 것은 이 책의 범위를 벗어나는 것이기에 여기서 줄이도록 하겠습니다.

이 책에서는 우리가 성경이라고 부르는 하나님의 말씀만 다룰 것입니다. 다만 앞에서 말했듯 우리는 말씀과 관련해서 더 넓은 범위가 있음을 인정해야 합니다. 그래야만 하나님 말씀을 안다고 자부하다가 마지막 날에 하나님께 모른다고 외면당하는 비극이 일어나지 않을 것입니다마 7:23. 사랑하는 사람이 보낸 편지를 토씨 하나 안 틀리고 외울 만큼 읽고 또 읽었지만, 막상 그 편지를 보낸 연인을 만났을 때 '누구세요?'라고 한다면 얼마나 슬픈 일일까요? 하나님의 말씀을 통해 우리는 하나님 그분을 만나야 합니다. 하나님께서 모세에게 말씀하신 많은 것 중에서 선택된 내용이 열 가지로 정리되어 후대에 십계명이라 불리는 형식으로 담긴 것처럼, 온 우주에 가득하신 하나님 말씀이 성경을 통해 가장 집중적이고 집약적으로 담겨 있음을 인정한다면, 우리는 성경을 읽으면서 점점 하나님께 소외되는 존재가 아니라 오히려 하나님 앞에 점점 굳건히 서 있게 될 것입니다.

6. 말씀이 당신을
찾아온 그 순간

이제부터는 조금 더 큰 그림에 집중하겠습니다. 하나님 말씀이 우리에게 전달되는 방식을 살필 텐데, 결론부터 말씀드리면, 하나님 말씀이 인격적이시기에 그 말씀이 전달된 방식도 인격적입니다. 내용과 가치만큼 그것이 전달되는 방식도 중요합니다. 조금 더 강하게 말하자면, 내용은 전달되는 방식과 일치됩니다. 시詩는 시라는 형식으로 내용을 담고, 희곡은 희곡의 방식으로 가치를 전달합니다.

하나님의 말씀 역시 내용만이 아니라, 그 내용이 담기는 방식이 중요합니다. 말씀을 교리로 정리하는 일은 큰 수고가 뒤따

르는 감사한 작업이지만, 정작 성경은 교리를 전달하는 방식으로 담겨 있지 않다는 사실에 주의해야 합니다. 하나님 말씀을 바로 알려면 내용만이 아니라 그 내용이 전달되는 방식에도 관심이 필요한 이유입니다. 시를 논문 읽듯이 대하면 안 됩니다. 시는 시로 읽어야 합니다. 소설은 소설로, 논문은 논문으로 읽어야 그것이 전달하려는 바에 가장 가까이 다가갑니다. 하나님 말씀도 마찬가지입니다. 하나님의 말씀을 말씀답게 만나려면, 그 말씀이 담긴 방식과 전달된 형식에 맞게 읽고, 들어야 한다는 뜻입니다.

그렇다면 하나님의 말씀은 어떤 방식으로 전달되었을까요? 이것을 모두 다루려 한다면 수백 페이지가 필요합니다. 여기서는 한 가지만 말하려고 합니다. 처음부터 계속 강조해온 것처럼, 하나님의 말씀이 인격적이기에 그 말씀이 전달되는 방식도 인격적이라는 것입니다.

먼저 사복음서를 보면 예수님의 메시지는 산상수훈^{마 5-7장}처럼 직접 구두로 하신 말씀만 있는 것이 아니라, 간음한 여인 앞에서 땅에 글씨를 쓰신 것처럼 행동을 통해 드러낸 말씀까지 포함합니다^{요 8장}.

이것은 성경 전체로 적용하더라도 마찬가지입니다. 단순히 하나님께서 감동을 주셔서 선지자와 같은 하나님의 사람들을 통해 전달된 특정 내용만 말씀에 속한 것이 아닙니다. 사람들이 결단하고 순종하는 행동을 포함해, 더 크게는 그 말씀이 기록되어 전달되어 우리가 읽고 듣고 받아들이게 되는 방식(문학 형식)을 통해서도 그분은 말씀하십니다.

쉽게 설명하자면, 누군가가 제게 말을 걸어와 대화할 때 단순히 글이나 음성에 담긴 내용만 들으면 되는 것이 아닙니다. 그 내용을 담고 있는 표정, 억양, 손동작 및 그 내용을 전달하기 위해 취하는 방식까지 모두 (비언어적이지만) 말이 되는 것입니다. 누군가는 노래로 말할 수도 있고 누군가는 시로 말할 수도 있습니다. 누군가는 잘 구성된 비유로 말할 수도 있으며 심지어 누군가는 침묵으로도 그렇게 합니다.

그러므로 하나님의 말씀 앞에 바로 서려면, 성경이 어떤 식으로 읽히고 들리도록 형식과 모양을 갖추고 있는지를 유심히 보아야 합니다. 글을 조금이라도 읽는 분이라면 충분히 공감하듯, 글의 내용만큼이나 글의 형식은 매우 중요합니다. 그것을 대화로 말하자면 말하는 사람의 어투와 억양 그리고 그 말을 하는 방식을 염두에 두지 않으면 잘못된 방식으로 이해할 수도 있음을 알아야 합니다. 여기서는 하나님의 말씀이 인격적인 가치를 드러낸다고 볼 수 있는 형식들 중에 3가지를 중심으로 살펴보겠습니다.

이야기로 된 말씀

먼저 중요한 사실은 하나님의 말씀이 '이야기'라는 형식으로 되어 있다는 것입니다. 이것은 정말 중요한 것입니다. 물론 성경에는 다양한 문학 장르가 포함되어 있습니다. 시도 있고 기행문도 있고 전기문도 있으며 긴 산문이나 연극 대본 같은 부분도 있습니다. 그러나 성경 전체를 아우르는 말씀의 큰 흐름은 바로 이야기입니다. 어떤 목회자는 설교 시간에 "성경은 이야기가 아닙니다"라고 힘주어 말하는데, 소설과 같은 허구가 아니라는 뜻일 것입니다. 물론 성경에는 수많은 은유와 과장이 포함되어 있습니다. 그럼에도 성경은 진짜 이야기입니다. 성경은 어떤 한 가지 주제에 대한 원리나 원칙으로 축소하면서 환원적인 형식을 취하고 있지 않고 철저하게 살아가며 살아내는 모양으로 이야기라는 방식과 형식을 갖추고 있습니다.

한국 교회는 오랫동안 조직신학에 큰 권위를 부여했습니다. 설교도 3대지로 구성하고 설교 흐름도 첫째, 둘째, 셋째 하는 식으로 체계화하기를 좋아하지만, 실제로 성경을 읽어 보면 그런 형식으로 되어 있지 않습니다. 하나님의 뜻을 체계화했다고 한 말씀 중에 대표적인 것이 십계명인데, 이 역시 열 가지 계명이 아니라 열 가지 말씀의 이야기 형태로 되어 있습니다(이 부분에 대해 더 깊게 알기를 원한다면 김용규 교수의 《데칼로그》와 김지찬 교수의 《데칼로그》를 추천합니다). 피상적으로 암기하듯 십계명을 보지 말고, 실제 말씀이 흘러가는 그대로 십계명을 읽어 보면 단순한 법의 나열이 아니라, 그 안에 이야기가 있고 하나님과 우리 사이를 관통하는 흐름이 있습니다. 그 내용 자체가 이야기입니다.

예를 들어서, "안식일을 거룩하게 지키라"고 하셨습니다. 그렇다면 어떻게 하는 것이 '거룩하게'이며, 어떻게 하는 것이 '지키는' 것입니까? 성경은 그런 부분에서 많은 융통성과 여백을 보입니다. 그것은 우리가 그 이야기 속에서 창조적이고 적극적으로 참여하여 이야기를 이어가길 바라기 때문입니다. 나아가, 신약으로 가면 말씀으로 오신 예수님은 아예 안식일을 다르게 지키시는 것처럼 보입니다. 솔직히 말해 의도적으로 어기시는 것처럼 보입니다. 구약 성경이 말하는 것과는 다르게 보인다는 말입니다. 아무것도 안 해야 할 그날에 유독 더 뭔가를 행하십니다. 그것 때문에 문제가 많이 발생합니다.

그러나 저는 그 누구보다 예수님께서 안식일을 거룩하게 지키셨다고 믿습니다. 예수님은 단순한 법조문으로 읽고 지킬 안식일이 아니라 '이야기가 있는' 안식일을 만드신 것입니다. 원래 하나님 아버지께서 의도하신 것처럼 말입니다. 그러므로 십계명을 비롯한 구약 성경의 말씀을 딱딱한 법조문이나 원칙으로만 받아들여서는 안 됩니다. 그보다는 하나님께서 기대하셨던 그 이야기의 흐름을 발견하고 느낄 수 있어야 합니다. 구약의 모든 말씀이 그러합니다.

신약으로 넘어오면, 어떤 분은 (가령 로마서를 예로 들면서) 로마서가 개인의 구원 여정을 밝히는 논문이라고 주장하기도 합니다(대표적인 사람이 《필립스 성경》을 쓴, J. B. 필립스입니다). 이런 주장은 로마서를 피상적으로 읽기 때문에 오는 단순화입니다. 로마서에는 그렇게 단순한 원리가 아니라, 이스라엘 통한 구원의 역사, 온 인류를 향한 하나님의 구원 역사가 거대한 이야기로 담겨있습니다. 단순히 개인의 구원이라는 교리 하나를 강조하는 환원적인 글이 로마서의 전부가 아닙니다. 그렇게 하면 놓치는 내용과 버려야 할 퍼즐 조각이 너무 많습니다. 많은 학자와 목회자들이 로마서를 그저 '이신칭의 논문'으로만 읽었기에 실제로 로마서에서 가장 중요한 내용이 될 수도 있는 로마서 9~11장을 무시하거나 대충 넘어가고 심지어는 포기해버렸습니다.

제가 로마서를 전공한 신학자는 아니지만, 로마서는 제게 교리 책이나 논문으로 읽힌 적이 단 한 번도 없었습니다. 자꾸만 그렇게 읽으라고 하니까 그쪽으로 세뇌가 될 뿐입니다. 오히려 로마서 전반에 걸쳐 나타나는 흐름은 이스라엘의 구원 역사의 이야기와 온 인류를 향한 하나님의 구원 이야기입니다1~11장. 아울러 그 구원 이야기가 지금 우리에게로 어떻게 이어지고 있는지 나타나 있습니다 12~16장. 문학적으로 말하자면 로마서를 비롯한 모든 성경은 헌법전서가 아니라 오히려 소설에 가깝습니다. 다만 허구의 소설이 아니라 실화를 바탕으로 우리의 실존이 걸린 진짜 이야기입니다. 성경은 하나님께서 온 인류를 향하여 이루어가시는 구원 역사이며 이야기입니다. 하나님께서 많은 문학적 장르 중에서 이야기라는 형식을 사용하신 이유는 아마도 이야기가 인격을 담는 가장 훌륭한 통로이고 적합한 문학적 형식이기 때문일 것입니다.

다시 강조합니다. 성경이 이야기로 되어 있다는 것은 성경이 인격적임을 드러내는 아주 중요한 형식적 특징입니다. 그 형식 안에 내용이 담긴 것입니다. 그래서 조금 더 하나님의 말씀이라는 이야기 안으로 들어가 보려고 합니다. 모든 이야기에는 주인공이 있습니다. 그것은 성경이라는 이야기에서도 주인공을 찾아야 한다는 말입니다. 주인공을 놓치면 모든 것을 놓칩니다. 성경이라는 거대한 이야기에서 주인공을 바로 만날 때, 성경의 주제도 자연스럽게 발견됩니다. 성경은 과학책이 아니며, 사업 성공 비법이 담긴 경영학 서적도 아닙니다. 하나님께서 주인공이 되신 구원 이야기입니다. 거기서 우리는 하나님의 뜻과 하나님의 방향을 만나야 합니다.

문제는 우리가 성경을 비인격적으로 읽을 때, 그 안에서 주인공을 놓치고 주인공이 하려는 방향과 목적도 놓친다는 것입니다. 그래서 성경이 윤리적 수준으로 평가 절하되고 단순히 인생의 부분적 도움을 위한 도구로 전락합니다. 물론 우리는 성경에서 윤리적이고 도덕적인 내용과 인생을 제대로 살아가는 데 필요한 지침들도 만납니다. 그러나 그것이 궁극적인 이야기의 방향은 아닙니다. 모든 성경의 주인공은 하나님이십니다. 하나님께서 하시려는 일(큰 그림, 즉 경륜, 엡 1:9, 3:2, 3:9, 딤전 1:4)이 있습니다. 바로 그 일을 하나님께서 우리를 통해 하려고 하십니다. 문제는 우리가 하나님의 그 뜻과 이야기를 이어가지 못하는 데 있습니다. 하지만 하나님께서는 기필코 그 뜻과 이야기를 이루어가실 것입니다. 당신의 이야기를 우리를 통해 완성해가실 것입니다.

결국 성경 이야기를 종합 요약하자면, 사람들의 지속적인 불신실함 위에 하나님의 끊임없는 신실함이 덮이고 그 신실함이 이끌어가는 이야기입니다. 그래서 우리가 구약성경이라고 부르는 창세기에서 말라기까지(히브리어 성경으로는 역대기까지) 내용을 보면 하나님과 맺은 언약에 대해, 즉 하나님에 대해 끝없이 불신실한 이스라엘을 하나님께서는 끝까지 신실하게 대하십니다.

신약 성경에서 이러한 내용을 찾아 볼 수 있는 대표적인 곳이 사도행전 7장입니다. 저도 성경을 하나의 윤리나 도덕책으로,

또한 법전으로 알던 시절에는 사도행전 7장처럼 어려운 내용이 없었습니다. 도대체 스데반은 죽으면서 왜 이런 지루한 이야기를 하며 죽었을까 궁금했습니다. '이신칭의'를 말해야 하는데 말입니다. 그러나 하나님께서 주인공 되셔서 우리 삶에서 당신 이야기를 이어주고 계심을 발견하고 나자 사도행전 7장은 제게 말할 수 없는 감동으로 다가왔습니다.

먼저 사도행전 7장을 읽어보겠습니다.

[1]대제사장이 이르되 이것이 사실이냐 [2]스데반이 이르되 여러분 부형들이여 들으소서 우리 조상 아브라함이 하란에 있기 전 메소보다미아에 있을 때에 영광의 하나님이 그에게 보여 [3]이르시되 네 고향과 친척을 떠나 내가 네게 보일 땅으로 가라 하시니 [4]아브라함이 갈대아 사람의 땅을 떠나 하란에 거하다가 그의 아버지가 죽으매 하나님이 그를 거기서 너희 지금 사는 이 땅으로 옮기셨느니라 [5]그러나 여기서 발붙일 만한 땅도 유업으로 주지 아니하시고 다만 이 땅을 아직 자식도 없는 그와 그의 후손에게 소유로 주신다고 약속하셨으며 [6]하나님이 또 이같이 말씀하시되 그 후손이 다른 땅에서 나그네가 되리니 그 땅 사람들이 종으로 삼아 사백 년 동안을 괴롭게 하리라 하시고 [7]또 이르시되 종 삼는 나라를 내가 심판하리니 그 후에 그들이 나와서 이곳에

서 나를 섬기리라 하시고 ⁸할례의 언약을 아브라함에게 주셨더니 그가 이삭을 낳아 여드레 만에 할례를 행하고 이삭이 야곱을, 야곱이 우리 열두 조상을 낳으니라

○ ⁹여러 조상이 요셉을 시기하여 애굽에 팔았더니 하나님이 그와 함께 계셔 ¹⁰그 모든 환난에서 건져내사 애굽 왕 바로 앞에서 은총과 지혜를 주시매 바로가 그를 애굽과 자기 온 집의 통치자로 세웠느니라 ¹¹그때에 애굽과 가나안 온 땅에 흉년이 들어 큰 환난이 있을 새 우리 조상들이 양식이 없는지라 ¹²야곱이 애굽에 곡식 있다는 말을 듣고 먼저 우리 조상들을 보내고 ¹³또 재차 보내매 요셉이 자기 형제들에게 알려지게 되고 또 요셉의 친족이 바로에게 드러나게 되니라 ¹⁴요셉이 사람을 보내어 그의 아버지 야곱과 온 친족 일흔다섯 사람을 청하였더니 ¹⁵야곱이 애굽으로 내려가 자기와 우리 조상들이 거기서 죽고 ¹⁶세겜으로 옮겨져 아브라함이 세겜 하몰의 자손에게서 은으로 값 주고 산 무덤에 장사되니라

○ ¹⁷하나님이 아브라함에게 약속하신 때가 가까우매 이스라엘 백성이 애굽에서 번성하여 많아졌더니 ¹⁸요셉을 알지 못하는 새 임금이 애굽 왕위에 오르매 ¹⁹그가 우리 족속에게 교활한 방법을 써서 조상들을 괴롭게 하여 그 어린아이들을 내버려 살지 못하게 하려 할 새 ²⁰그때에 모세가 났는데 하나님 보시기에 아

름다운지라 그의 아버지의 집에서 석 달 동안 길리더니 ²¹버려진 후에 바로의 딸이 그를 데려다가 자기 아들로 기르매 ²²모세가 애굽 사람의 모든 지혜를 배워 그의 말과 하는 일들이 능하더라

○ ²³나이가 사십이 되매 그 형제 이스라엘 자손을 돌볼 생각이 나더니 ²⁴한 사람이 원통한 일 당함을 보고 보호하여 압제받는 자를 위하여 원수를 갚아 애굽 사람을 쳐 죽이니라 ²⁵그는 그의 형제들이 하나님께서 자기의 손을 통하여 구원해주시는 것을 깨달으리라고 생각하였으나 그들이 깨닫지 못하였더라 ²⁶이튿날 이스라엘 사람끼리 싸울 때에 모세가 와서 화해시키려 하여 이르되 너희는 형제인데 어찌 서로 해치느냐 하니 ²⁷그 동무를 해치는 사람이 모세를 밀어뜨려 이르되 누가 너를 관리와 재판장으로 우리 위에 세웠느냐 ²⁸네가 어제는 애굽 사람을 죽임과 같이 또 나를 죽이려느냐 하니

○ ²⁹모세가 이 말 때문에 도주하여 미디안 땅에서 나그네 되어 거기서 아들 둘을 낳으니라 ³⁰사십 년이 차매 천사가 시내산 광야 가시나무 떨기 불꽃 가운데서 그에게 보이거늘 ³¹모세가 그 광경을 보고 놀랍게 여겨 알아보려고 가까이 가니 주의 소리가 있어 ³²나는 네 조상의 하나님, 즉 아브라함과 이삭과 야곱의 하나님이라 하신대 모세가 무서워 감히 바라보지 못하더라

³³주께서 이르시되 네 발의 신을 벗으라 네가 서 있는 곳은 거룩한 땅이니라 ³⁴내 백성이 애굽에서 괴로움받음을 내가 확실히 보고 그 탄식하는 소리를 듣고 그들을 구원하려고 내려왔노니 이제 내가 너를 애굽으로 보내리라 하시니라 ³⁵그들의 말이 누가 너를 관리와 재판장으로 세웠느냐 하며 거절하던 그 모세를 하나님은 가시나무 떨기 가운데서 보이던 천사의 손으로 관리와 속량하는 자로서 보내셨으니 ³⁶이 사람이 백성을 인도하여 나오게 하고 애굽과 홍해와 광야에서 사십 년간 기사와 표적을 행하였느니라 ³⁷이스라엘 자손에 대하여 하나님이 너희 형제 가운데서 나와 같은 선지자를 세우리라 하던 자가 곧 이 모세라 ○ ³⁸시내산에서 말하던 그 천사와 우리 조상들과 함께 광야 교회에 있었고 또 살아 있는 말씀을 받아 우리에게 주던 자가 이 사람이라 ³⁹우리 조상들이 모세에게 복종하지 아니하고자 하여 거절하며 그 마음이 도리어 애굽으로 향하여 ⁴⁰아론더러 이르되 우리를 인도할 신들을 우리를 위하여 만들라 애굽 땅에서 우리를 인도하던 이 모세는 어떻게 되었는지 알지 못하노라 하고 ⁴¹그때에 그들이 송아지를 만들어 그 우상 앞에 제사하며 자기 손으로 만든 것을 기뻐하더니 ⁴²하나님이 외면하사 그들을 그 하늘의 군대 섬기는 일에 버려두셨으니 이는 선지자의 책에 기록된 바 이스라엘의 집이여 너희가 광야에서 사십 년간 희생

과 제물을 내게 드린 일이 있었느냐 ^{43}몰록의 장막과 신 레판의 별을 받들었음이여 이것은 너희가 절하고자 하여 만든 형상이로다 내가 너희를 바벨론 밖으로 옮기리라 함과 같으니라 ^{44}광야에서 우리 조상들에게 증거의 장막이 있었으니 이것은 모세에게 말씀하신 이가 명하사 그가 본 그 양식대로 만들게 하신 것이라 ^{45}우리 조상들이 그것을 받아 하나님이 그들 앞에서 쫓아내신 이방인의 땅을 점령할 때에 여호수아와 함께 가지고 들어가서 다윗 때까지 이르니라

○ ^{46}다윗이 하나님 앞에서 은혜를 받아 야곱의 집을 위하여 하나님의 처소를 준비하게 하여 달라고 하더니 ^{47}솔로몬이 그를 위하여 집을 지었느니라 ^{48}그러나 지극히 높으신 이는 손으로 지은 곳에 계시지 아니하시나니 선지자가 말한 바 ^{49}주께서 이르시되 하늘은 나의 보좌요 땅은 나의 발등상이니 너희가 나를 위하여 무슨 집을 짓겠으며 나의 안식할 처소가 어디냐 ^{50}이 모든 것이 다 내 손으로 지은 것이 아니냐 함과 같으니라 ^{51}목이 곧고 마음과 귀에 할례를 받지 못한 사람들아 너희도 너희 조상과 같이 항상 성령을 거스르는도다 ^{52}너희 조상들이 선지자들 중의 누구를 박해하지 아니하였느냐 의인이 오시리라 예고한 자들을 그들이 죽였고 이제 너희는 그 의인을 잡아준 자요 살인한 자가 되나니 ^{53}너희는 천사가 전한 율법을 받고도 지키지 아

니하였도다 하니라

○ ⁵⁴그들이 이 말을 듣고 마음에 찔려 그를 향하여 이를 갈거늘 ⁵⁵스데반이 성령 충만하여 하늘을 우러러 주목하여 하나님의 영광과 및 예수께서 하나님 우편에 서신 것을 보고 ⁵⁶말하되 보라 하늘이 열리고 인자가 하나님 우편에 서신 것을 보노라 한대 ⁵⁷그들이 큰 소리를 지르며 귀를 막고 일제히 그에게 달려들어 ⁵⁸성 밖으로 내치고 돌로 칠 새 증인들이 옷을 벗어 사울이라 하는 청년의 발 앞에 두니라 ⁵⁹그들이 돌로 스데반을 치니 스데반이 부르짖어 이르되 주 예수여 내 영혼을 받으시옵소서 하고 ⁶⁰무릎을 꿇고 크게 불러 이르되 주여 이 죄를 그들에게 돌리지 마옵소서 이 말을 하고 자니라

유명한 하나님의 사람 스데반이 순교 직전에 전한 메시지입니다. 그는 자기 인생 마지막에 하나님의 말씀을 전합니다. 그만큼 무게감 있고 중요한 이야기입니다. 그는 죽음 직전에 자신을 변호하기 위해 신조나 교리를 읊는 것이 아니라 하나님의 위대한 역사를 말했습니다. 아브라함부터 시작된 하나님의 이야기가 어떻게 흘러왔는가를 보여주었습니다. 그 이야기 자체가 하나님의 말씀입니다. 스데반은 하나님의 백성 이스라엘이 하나님 말씀에 신실하지 않았음을 끝없이 지적합니다. 그러나 하나님께서는 그

분의 선지자들을 통해서, 궁극적으로는 그분의 아들 되시는 말씀의 현존, 곧 예수 그리스도를 통해 끝까지 신실하셨음을 증명합니다. 바로 그 이야기를 고백한 것입니다. 이것이 바로 복음입니다. 그래서 율법 조문이 주는 삭막함이 아니라, 하나님의 이야기가 주는 감동과 열정이 있습니다. 스데반은 말씀을 지식으로 선포하고 끝낸 것이 아니라, 그 말씀에 자신의 삶을 넣어 순교했습니다. 그분의 말씀이 스데반의 삶을 사로잡았기 때문입니다. 말씀 자체가 인격적인 이야기이고 생명이기 때문입니다.

긴장으로 엮인 말씀

또 하나, 이 말씀은 긴장tension으로 엮여 있습니다. 하나님 말씀을 직물에 비유한다면 그 직물의 씨줄을 감당하는 것이 이미 살펴본 이야기라는 외면적 형식이고, 날줄을 담당하는 것이 긴장이라는 좀 더 깊은 내면적 형식입니다. 예를 들어, 모세오경이라고 하는 성경 앞부분을 읽으면 하나님은 사람들에게 축복을 주시는 분으로 보입니다. 모세가 죽으면서 유언처럼 전하는 신명기의 긴 이야기를 정리하자면 이와 같습니다. "하나님 말씀대로 살면 복을 받고, 말씀대로 살지 않으면 저주를 받는다." 단순화한 것이

기는 하지만 분명히 이러한 흐름이 중심에 나타납니다.

그런데 문제는 이 모세오경과 시대 배경이 같은 다른 한 권이 거칠게 반항하며 자기 이야기를 펼친다는 것입니다. 바로 욥기입니다. 욥기에는 "하나님의 말씀대로 사는데도 복은커녕 저주만 잔뜩 당한 한 사람의 이야기"가 그려집니다. 더 잔인하게 말하자면 "하나님 말씀대로 사는 욥에게 고난을 허락하시는 하나님의 이야기"입니다. 욥기를 읽어 보면 욥은 하나님 말씀대로 사는데도 축복이 아닌 고난의 한가운데 있습니다. 우리는 고개를 갸우뚱할 수밖에 없습니다. 솔직히 난감합니다.

그래서 우리는 하나님의 복이 무엇인지를 다시금 고민합니다. 그것은 육신적으로 잘되는 것만이 아닙니다. 그것을 포함하지만 그보다 더 깊고 넓습니다. 단순히 우리가 생각하는 복을 만나는 것이 아니라 우리를 진정으로 축복하시는 하나님을 만나는 데 있습니다. 그것도 제대로 말입니다. 욥은 분명한 죄를 범한 적이 없음에도 하나님께서 허락하신 고난을 감당해야 했습니다. 욥은 끝까지 자신의 의로움을 지키면서 하나님께 질문합니다.

결국 욥이 얻은 것은 해답이 아니었습니다. 바로 하나님이었습니다. 그가 듣고 싶었던 것은 아니었지만 그가 들어야 했던 것이며, 그 이상이었습니다. 성경의 시작부터 하나님 말씀은 굉장한 긴장을 우리에게 던져줍니다. 단순하게 말하자면, 하나님께서

복 주시는 삶은 말씀대로 순종할 때 오는 '잘됨'만이 아니라 그분을 더 깊게 알기 위해 고난과 시련을 감당하고 통과하는 '안 됨'이 서로 팽팽하게 우리 삶과 영혼을 잡아당기는 긴장 속에서 흘러 나옵니다. '잘됨'과 '안 됨', 이 두 가지는 서로 모순되는 것처럼 보이지만 실제로는 서로를 강하게 당겨주는 긴장으로 만납니다. 그래서 이 긴장은 우리가 어느 한 쪽에 머물러 있지 않도록 하고 끊임없이 관계를 새롭게 해주는 생명력이 됩니다. 팽팽하게 당겨진 활시위처럼, 잘 조율된 기타 줄처럼 생명력으로 작용합니다. 그리고 생명력이 있다는 것은 하나님 말씀이 살아 있다는 것이고 그 살아 있는 말씀이 우리 삶에 인격적으로 역사합니다. 그래서 히브리서 4장 12절에서 "하나님의 말씀은 살아 있고 활력〔생명력〕이 있다"는 의미가 선명하게 다가옵니다. 마치 밀물과 썰물이 반복되면서 살아 있는 갯벌이 만들어지고, 낮과 밤이 이어지면서 꽃이 피고 계절이 바뀌듯, 삶은 고정된 하나의 원칙이 지배하는 세상이 아니라 끝없는 변화가 얽힌 생명이고 바로 그 세상을 생명 되게 창조하신 인격적인 하나님 말씀은 단편적인 원리 한두 개로 완성되는 것이 아니라 날마다 새롭게 만나는 긴장 속에서 변화되고 성장해가는 것입니다.

성경에서 긴장의 형식으로 엮인 부분은 또 있습니다. 열왕기 역사 속에서 그려지는 왕의 역량과 선지자들의 목소리는 모세오경과 욥기의 관계처럼 긴장을 이룹니다. 왕의 역량이 높아질 때, 즉 왕이 하나님 앞에 바로 서 있을 때 선지자들의 목소리는 줄어듭니다. 그러나 왕이 하나님 앞에 바로 서 있지 못할 때 선지자들의 목소리는 커집니다. 그래서 왕과 선지자는 하나님의 통치와 메시지로 서로 견제하고 서로 세웁니다.

아울러 열왕기와 역대기의 긴장도 그렇습니다. 언뜻 보면 열왕기와 역대기는 비슷한 이야기를 반복하는 것처럼 보입니다. 그러나 자세히 읽어 보면 비슷한 듯 다릅니다. 열왕기가 실제 역사에 대한 세밀한 기록이라면 역대기는 그에 대한 해석입니다. 역대기는 열왕의 역사를 해석하는 과정에서 일부를 선택하고 일부는 포기하며, 더 확대하거나 축소하기도 합니다. 단순히 보완하는 것으로 그치지 않고 긴장을 이루면서 서로 의미 있게 합니다. 이런 열왕기와 역대기의 긴장은 다른 것처럼 보이는 하나님 말씀 사이에서 조건 없는 통일성이나 공통분모를 찾는 것 이상의 과정을 하나님의 백성에게 요구합니다. 그것이 바로 하나님의 말씀과 더불어 끊임없이 일어나야 할 인격적인 교제입니다.

또한 구약에서는 선지서와 시편 사이의 긴장도 있습니다. 선지서가 하나님에게서 사람에게(하늘에서 땅으로) 주어지는 메시지라면, 시편은 사람에게서 하나님께로(땅에서 하늘로) 가는 메시지입니다. 그래서 선지서는 하나님의 경고, 위로, 도전, 방향 제시가 있고 동시에 시편을 비롯한 시가서에는 사람들의 기도, 찬양, 감사 그리고 간구가 들어 있습니다. 이 두 가지는 서로 교차되고 만나고 심지어 부딪치기도 합니다. 한국의 고속도로처럼 상행선과 하행선이 확연히 구분되어 있지 않습니다. 중앙선이 보이지 않는 길에서 차들이 복잡하게 얽혀 있는 어느 동남아 국가의 도로 상황에 더 가깝습니다.

실제로 선지자의 메시지는 시가서와 부딪치는 때가 더 많습니다. 아니, 더 자세히 읽어보면 선지자의 목소리 속에 시가서 메시지가 있고, 선지자의 메시지가 시가서의 목소리가 되기도 합니다. 두 가지 목소리는 만나기도 하고 반향하기도 하면서 긴장을 이룹니다. 선지자들이 어떻게 이렇게 말할까 하는 내용이 내려오는가 하면, 사람들이 어떻게 이런 내용으로 기도할까 하는 내용도 올라갑니다. 바로 거기에 고민이 있고 갈등이 있고 인격적인 만남이 이루어집니다. 도로 표지판처럼 일방적인 하나님의 음성이 아니며, 새해맞이 말씀 뽑기식 일방통행도 아닙니다. 내가 원하는 부분에 줄을 치고 암기한다고 되는 것이 아니라, 하나님 음성과 사람의 기도가 끝없이 만나는 그 물결 속에서 거대한 회오리가 일어나고, 그 회오리 물결이 만든 길 사이로 홍해를 가르던 구원의 길이 열립니다. 바로 그 긴장이 위대한 인격과 생명을 낳습니다.

신약으로 넘어와도 이러한 긴장 어린 이야기 구조는 계속 이어집니다. 신약성경을 여는 첫 부분에서 사복음서는 각자 다른 시각과 내용으로 예수님 이야기를 전개하면서 모든 복음서는 팽팽한 긴장으로 엮입니다. 4가지 목소리가 한 사람에 관해 말합니다. 그래서 대충 읽으면 예수님의 사역에 관한 단순한 반복으로 들리고, 어설픈 깊이로 판단하면 오해와 불일치로 들릴 수 있습니다. 그러나 4부로 찬송가를 부르는 성가대의 찬양처럼 사복음서의 목소리와 내용 전개는 서로 화음을 이루어 우리에게 위대한 곡을 들려줍니다. 성가대 준비 중에 자신의 파트를 연습하는 동안 다른 파트의 음이 들리면 자기 음을 놓치기 쉽습니다. 하지만 그 음들이 긴장을 이루면서 건강하게 만나면 멋들어진 찬양이 됩니다. 사복음서의 비슷한 듯 다른 4가지 이야기의 긴장 상태는 하나님의 말씀을 우리 삶에 웅장한 오케스트라의 음악처럼 풍성하게 울려 퍼지게 하고 입체적으로 말씀을 만나게 합니다.

사도행전과 서신들도 그렇습니다. 하나님의 복음이 성령님을 통해, 온 세상으로 확산하고 이어지는 역사적인 흐름이 사도행전에 담겨 있습니다. 하지만 동시에 그 역사적 흐름 사이에 서신서가 있습니다. 바울이 쓴 편지들과 요한이 쓴 편지들 그리고 예수님의 형제들이 쓴 편지가 있습니다. 우리는 이따금 사도행전과 서신서 사이의 마찰을 보기도 하고 심지어 서신들 사이의 모순도 발견합니다.

종교개혁을 이끌었던 루터조차 로마서에 대해서는 극찬하면서도 야고보서는 지푸라기 같다고 할 만큼 큰 차이를 느꼈다고 한다면, 하나님의 말씀이 한 가지 재료로만 이루어진 음식이 아니라 다양한 재료가 포함된 김밥이나 비빔밥에 더 가깝다는 것을 알 수 있습니다. 그 긴장이라는 맛과 향의 어울림이 우리를 균형 있고 생명력 있게 그리고 건강하게 만듭니다.

이렇게 긴장이라는 생명력 안에 머물면 짧게는 잠언 26장 4~5절처럼 일면 모순되어 보이는 말씀이 자연스럽게 연결되는 것을 경험하며("미련한 자의 어리석은 것을 따라 대답하지 말라"고 하고, 바로 다음에 "미련한 자에게는 그의 어리석음을 따라 대답하라"고 말씀하는 것처럼) 길게는 성경 각 권에 담긴 내용이 서로 대립하는 차원을 넘어서 하나님의 이야기라는 기차에 담겨서 긴장이라는 레일 위에서 힘차게 달려가는 것을 볼 수 있습니다. 이것을 통해 하나님의 말씀이 내용만이 아니라 형식에서도 인격적인 가치를 지니고 있음을 봅니다.

우리의 인생과 인격을 한번 돌아보십시오. 진정으로 인격적인 삶은 그저 단순하고 단편적입니까? 전혀 그렇지 않습니다. 하나님 말씀도 마찬가지입니다. 언뜻 보면 일관성 없고 변덕스러워 보이지만, 자세히 보면 다양한 긴장들이 팽팽하게 직물처럼 연결된 생명입니다. 그러기에 말씀은 인격이며 우리 인생과 맞닿아 있는 것입니다. 그렇게 하나님 말씀이 우리의 실제와 연결됩니다. 바로 그 긴장 속에서 하나님의 말씀은 우리에게 해부용 실험 재료가 아니라 애인처럼 만나 사랑해야 할 대상으로 서 있습니다.

삶을 요구하는 말씀

마지막으로 하나님의 말씀은 우리가 자기 삶으로 하나님의 말씀을 담아 그분의 인격을 닮아가게끔 변화를 요구합니다.

어느 장로님 가정에 철없는 아들이 하나 있었습니다. 집에 돈이 좀 있고 몸은 건강하니 인생을 의미 없이 하루하루 소모하고 있었습니다. 이제 곧 군대에 가는 아들은 신학교에 다니면서도 음란물과 세속 가치에 물들어 있었고 밤늦게까지 게임하다가 늦잠을 자고 정오가 되어서야 겨우 하루를 시작했습니다.

그러던 어느 날 새벽에 게임을 하다가 아버지가 교회에 가는 것을 보고 살짝 따라가 보았습니다. 새벽에 아버지가 강단 가까이에 있는 의자에 앉아 간절히 기도하는 모습을 보았습니다. 더욱이 아버지가 한국의 가난한 교회와 신학생들을 위해 기도하는 내용을 듣고, 아들은 마음에 크게 찔림을 받았습니다. 그다음 날도 새벽까지 게임하다가 아버지가 새벽기도 가시는 것을 보고 또 따라갔습니다. 그리고 또 같은 제목으로 아버지가 기도하시는 것을 보고 들었습니다. 그렇게 사흘 정도, 아들은 아버지를 따라 새벽에 교회를 갔습니다. 그런데 그다음 날, 새벽에 아버지 장로님이 새벽기도를 나가셨지만 아들은 따라가지 않았습니다. 작심삼일이었을까요? 새벽 기도를 다 마치고 장로님이 집에 도착했는데 방에 금고가 활짝 열려 있는 것을 보고 깜짝 놀랐습니다. 경찰서에 전화하려고 하는데 아들이 마침 집으로 들어오고 있었습니다. 장로님은 겁에 질린 목소리로 "아들아! 우리 집에 도둑이 들었구나!" 하고 소리쳤답니다. 그러자 아들은 웃으며 이렇게 말합니다. "아버지, 도둑이 든 것이 아닙니다. 제가 아버지의 기도제목을 이루어 드렸습니다. 아버지가 한국의 가난한 교회와 신학생을 위해 기도하시면서도 아무것도 하지 않으셔서, 제가 아버지 금고에 있는 돈을 모두 꺼내서 가난한 교회와 신학생들에게 방금 나눠 주고 왔습니다! 성경이 그렇게 말씀하지 않습니까!"

웃자고 한 이야기지만, 우리 현실은 이토록 슬픕니다. 성경을 그렇게 읽고, 기도를 그렇게 하지만 삶에 실천이 없고 순종이 없는 것은 바로 하나님의 인격적인 말씀이 우리에게 인격적인 요구, 즉 삶에 도전하고 있음을 모르기 때문입니다. 바로 그렇게 철저한 삶을 살도록 요구하는 방식과 형식이 성경에서는 명령문으로 나타납니다.

인격적인 이야기와 긴장의 흐름 속에서 우리를 향해 단호한 명령들이 던져집니다. 성경은 분명히 "여호와께서 너희에게 명령하사 행하게 하신 말씀" 출 35:1, 신 29:29, 31:12, 대하 30:12, 눅 8:21, 히 10:9, 약 1:22 참고 입니다. 많은 성도가 이것을 외면하려 하지만 진실은 여기에 있습니다. 비인격적인 존재에게 명령하지는 않습니다. 그 명령에 순종하기를 바라는 당신의 백성에게 하나님께서 인격적인 도전을 하는 것입니다.

또한 흔히들 구약에만 명령이 있다고 생각하지만, 실제로 신약성경에 더 강력한 명령문이 기록되어 있습니다. 분명히 신약이 구약보다 더 높은 수준의 명령으로 도전합니다. 가령 마태복음 5장을 보면, 구약은 단순히 살인하지 말라고만 했으나 예수님께서는 나쁜 말 자체를 하지 말라고 하셨습니다. 그 말이 이미 지옥 불에 던져질 죄라고 하셨습니다 22절. 구약에서는 간음하지 말라고 하셨지만 예수님께는 음욕을 품고 여자를 보는 자마다 이미 간음죄를 범한 것이라고 하십니다 28절. 구약에서는 이웃을 사랑하고 원수를 미워하라고 했지만 예수님께서는 분명히 원수를 사랑하고 박해하는 자를 위해서도 기도하라고 하셨습니다 44절.

왜 예수님의 말씀을 무시하는 것입니까? '오직 말씀'이라면서 왜 말씀대로 순종하지 않는 것입니까? 바울도 마찬가지였습니다. 이 세대를 본받지 말고 하나님의 뜻을 분별하라고 했습니다 롬 12:2. 음행과 온갖 더러운 것과 탐욕은 그 이름도 부르지 말라고 했습니다 엡 5:3. 기도를 계속 하고 기도에 감사함으로 깨어 있으라고 했습니다 골 4:2. 항상 기뻐하고 쉬지 말고 기도하고 범사에 감사하고 성령을 소멸하지 말고 예언을 멸시하지 말고 범사에 헤아려 좋은 것을 취하고 악은 어떤 모양이라도 버리라고 했습니다 살전 5:16~22. 행함 없는 믿음, 순종이 없는 믿음은 분명 헛것이고 가짜라고 성경이 소리칩니다 약 2:26.

한국 교회 일부 교단의 교리는 성경의 명령에 순종하는 행위를 구약 율법과 가톨릭교회의 공로 사상이라고 단죄하여, 말씀을 실천하는 신앙을 행위 구원이라며 겁주고 변질시킴으로 말씀이 분명히 도전하고 있는 그 실천적이고 순종적인 생명력을 잃어버린 지 오래되었습니다. 이론적이고 신학적인 이야기는 정확히 이해해야 한다며 열을 올리면서도, 깨달은 바를 정확하게 실천하자는 이야기를 하면 꼬리를 내립니다. 교리 공부는 엄청나게 하지만, 나가서 전도하자고 하면 때가 되면 자연스럽게 되는 거라며 도망갑니다. 오래전 한국의 모 신학교에서 명문대를 나온 교수님을 모시고 히브리어를 배울 기회가 있었는데 아예 대놓고 교재를 카피 및 제본해서 사용하는 것이 너무 마음이 아파, "우리가 하나님의 말씀을 정확하게 알고자 원어 공부를 하는데, 왜 얼마 되지 않는 교재를 구입하는 데 돈을 아끼려고 죄를 짓습니까?"라고 하니, 몇 권 정도는 제본해서 써도 괜찮다고 자신 있게 말하는 교수와 학생들을 보고 정말 마음이 아팠습니다.

하나님은 말씀이 개인과 신앙 공동체에 일관된 삶으로 이어지도록 그저 제안하고 설득하는 것이 아니라 '명령'하십니다. 해도 되고 안 해도 되는 것이 아니라 반드시 순종해야 합니다. 하나님의 말씀은 우리에게 인격적인 변화를 기대합니다. 하지만 순종하지 않는데 어떻게 그 변화가 일어날 수 있습니까? 예수 그리스도의 살과 피, 눈물과 호소로 전달된 하나님의 말씀은 우리에게 단순히 정보를 전달하는 것으로 그치지 않습니다. 말할 수 없는 탄식으로 중보하시는 성령님의 기도도 단순히 우리 삶의 곤란함을 공감해주는 것으로 끝나지 않습니다. 하나님의 말씀은 우리가 실천적이고 순종적이며 열매를 맺는 그 생명력으로 살기를 기대합니다. 우리가 모두 그분의 이야기를 품고 인격적인 메시지로 이어가라고 도전하는 것입니다.

사람의 인생을 결정적으로 변화시키는 것은 어떤 정보나 지식이 아닙니다. 교통법규를 몰라서 안 지키는 것은 아니지 않습니까? 알면서도 지키지 않습니다. 순종해야 할 때 자꾸만 강의로, 지식으로 대체해서는 안 됩니다. 알지만 살지 못했던 것이 있다면 실천해야지 독서 모임만 하고 있으면 안 된다는 의미입니다. 하나님은 깨달은 바를 삶으로 이어나가기를 끊임없이 자극하고 도전하십니다. 거기에는 갈등과 긴장이 서려 있습니다. 그러므로 우리는 그분의 이야기를 이어가고, 그분의 역사를 이어가도록 강하게 도전받는 것이 마땅합니다. 이어지는 내용에서 구체적으로 제안하겠지만, 만약 우리가 하나님 말씀을 읽고도 삶에 변화가 없다면 우리는 분명히 하나님 말씀을 잘못 읽은 것입니다.

저는 세 명의 아이를 홈스쿨링 하고 있습니다. 제가 홈스쿨링을 하게 된 이유는 단순히 공교육에서 문제를 느꼈거나 아이들을 또래 문화에서 보호하기 위해서가 아닙니다. 세상에서 성공한 사람들 이야기를 탐하고 배 아파하며 그 정신을 탐닉하는 문화 속에서 살아가길 원치 않았기 때문입니다. 그들의 하얀 백지에 먼저 하나님 이야기를 담아주고 싶었습니다. 그 이야기를 기준으로 다른 이야기를 대조하고 비교해보길 바랐습니다.

사람들은 홈스쿨링을 하는 우리 가정을 보면서 '사회성'에 대한 염려를 많이 하십니다. 그러나 그 사회성을 중요하게 생각하는 부모 중에 자기 아이가 누구를 만나며, 무슨 이야기를 들으며, 어떤 긴장 속에 살아가는지, 무엇보다 '누구의 이야기를 이어가고 있는지' 점검하는 부모는 몇이나 됩니까? 무조건 많은 사람을 만나 사교성 좋은 사람이 되는 것이 중요한 게 아니라, 한 사람이라도 참된 사람을 만나는 것이 중요합니다. 더 나아가 누군가에게 선한 영향력을 줄 수 있는 사람이 되려면 분명히 참된 생명이신 예수님께 생명적인 영향력을 받아야 합니다. 그 과정에서 시편 1편 말씀처럼 사망의 영향력을 주는 사람과의 만남을 포기하고 거절하는 선택을 한 것입니다. 이 땅의 부모들, 특히 신앙을 가진 부모들이 먼저 예수님의 이야기를 삶으로 자녀들에게 보여주어야 합니다.

지금까지 100년 넘게 한국 교회가 신앙 공동체의 이름을 '교회'教會, 즉 무엇인가를 가르치는 곳으로 명명하고, 어린이들이 참여하는 신앙기관을 '주일학교' 그리고 여름 행사조차 '여름 성경학교'라고 해서 지식을 가르치는 것을 우선시했습니다. 그런데 지금 그 아이들이 다 어디에 있으며, 그들의 삶은 어떻게 되었습니까? 살아계신 하나님을 인격적으로 만나지 못하고, 정보만 전달하고 교리만 배운 그 아이들이 어떻게 되었습니까?

물론 하나님 말씀에서 지적인 영역은 상당히 중요합니다. 그러나 그것만 주장하는 것처럼 무서운 일도 없습니다. 우리는 '이야기'의 주도권을 넘겨주지 못했고 삶을 일으키도록 도전을 주지도 못했습니다. 어떻게 살아야 하는지 말만 하고 보여주지 않았기 때문입니다. "내가 이렇게 살았으니 너희도 이렇게 살아라"가 되지 못했기 때문입니다. 하나님 말씀에 담긴 이야기가 우리의 이야기가 되어야 함을 자기 삶을 증거로 제시하지 못했기 때문입니다. 그러므로 우리는 눈물을 흘리며 회개해야 합니다. 하나님의 말씀은 곧 삶에서 나온 것이었고 삶으로 이어지길 소망하셨는데, 언제부터인가 삶이 되지 못하고 멈추어버렸습니다.

그러므로 하나님 말씀을 마음대로 조직화하고 축소하는 수고는 말씀을 말씀답게 읽지 못하게 하고 더 나아가 말씀 앞에 바로 서지 못하게 만듭니다. 그것으로 대체하고 끝내버리는 때가 많기 때문입니다. 성경의 내용만큼이나 말씀이 적힌 형식을 존중하고 그 형식이 되는 이야기의 흐름을 따라서 말씀을 읽고, 듣고, 전하는 삶이 되어야 합니다. 하나님의 말씀이 인격적인 주체가 되어서 우리에게 이야기라는 형식과 긴장의 구조로 말을 걸고 대화하는 이유는 우리에게 이 말씀을 조직화하라는 것만이 아니라 그 말씀대로 살라는 것입니다. 우리가 말씀을 읽으면서도 삶의 변화가 없다면 우리는 분명히 하나님의 말씀을 인격적인 가치로 받아들이지 않고 있는 것입니다.

하나님 말씀이 인격적이라는 것은 그만큼 하나님께서 강제적이나 강압적으로 우리를 조정하지 않으신다는 의미입니다. 명령하신다고 해서 강압적이라고 생각하면 안 됩니다. 명령 속에는 애타는 간절함이 들어 있습니다. 그러므로 우리는 적극 그분의 말씀 앞에 서야 합니다. 하나님 말씀에는 인격적인 가치와 힘이 있기에 그 말씀 앞에 바로 서는 자들에게만 열리고, 순종하는 자들에게만 역사합니다. 다시 한번 강조합니다. 하나님 말씀은 인격적으로 살아있기에 인격적인 우리도 그렇게 살기를, 참으로 그렇게 살아내기를 도전합니다. 머리에만 들어 있는 것은 전혀 하나님의 말씀이 아닙니다. 삶으로도 연결되어야 진짜 말씀입니다. 하나님의 말씀을 안다는 것은 하나님의 말씀을 산다는 것입니다.

6-1. 하나님의 말씀,
그 긴장과 조화

지금까지 나눈 내용을 성경 전체에 적용하면서도 독자들이 성경을 실제적으로 읽어나갈 때 도움이 될 수 있도록 다음과 같이 정리했습니다. 물론 이것이 성경을 보는 완벽한 흐름도 아니며 온전한 정리도 아닙니다. 하지만 성경 전체를 대략적이라도 볼 수 있는 눈을 열어 드리고자 개인적으로 정리한 것을 나누어 봅니다.

이 글을 읽는 분도 성경을 한 권씩 읽어가면서 제가 만든 도표를 참고해서 자신만의 흐름과 생각을 정리해보시면 좋겠습니다. 그렇게 해보면 성경의 인격성을 중심으로 한 내용들, 곧 성경이 역사적 흐름을 갖고 있고 긴장이라는 형식으로 되어 있으며 삶의 실천이라는 생명력으로 흘러가고 있음을 한눈에 볼 수 있을 것입니다.

관심 있게 볼 부분은 '플러스 텐션'(+ Tension)이라고 표현한 '긴장'이 등장하는 부분에서 반향 되는 목소리들이 어떻게 만나 조화를 이루고 화음을 이루는지, 그 긴장이 주는 역동성과 우리 삶으로 이어지는 생명력을 중심으로 보면 좋겠습니다(각 시대와 성경 각 권에서 핵심이 되는 구절도 찾아 적어보았습니다). 이 정리가 하나님의 말씀을 인격적으로 만나는 데 징검다리와 디딤돌이 되길 바랍니다.

구약성경의 흐름

1. 원 역사 시대

하나님의 우주 창조, 아담과 하와, 타락, 가인과 아벨, 노아의 홍수, 바벨탑과 분산

- 창 1:1 모든 시작은 하나님. 설명이 아닌 선포. 하나님이 우리의 기준이 되신다. / 시 1:1

2. 족장 시대

하나님의 사람, 아브라함, 이삭, 야곱, 요셉

■ **창 45:5** 전능하신 하나님은 사람을 선택하고 축복하시며 그를 통해 일하신다.

+ Tension : 욥기

■ **욥 42:1~6** 하나님은 우리 인생에 복과 '잘됨'(형통함)뿐만 아니라 '안 됨'(불행과 저주)을 통해서도 당신의 역사를 이루어 가신다.

3. 출애굽 시대

하나님의 구원, 애굽, 바로, 홍해, 만나, 메추라기, 광야의 시련, 모세의 설교

■ **신 8:2~3** 죄 가운데 있는 삶에서 구원받는 비결은 하나님의 말씀대로 사는 것이다.

4. 정복 시대

하나님의 승리, 여호수아, 라합, 여리고, 아간, 정복한 땅과 정복하지 못한 땅, 부분적인 승리. 승리는 땅과 평안과 직결되어 있다.

■ **수 1:7** 인생의 승리는 하나님의 말씀에 얼마나 철저하게 순종하느냐에 달려 있다.

5. 사사 시대

하나님의 판관, 12명의 사사들 그리고 엘리와 악한 아들들을 지나 마지막 사사인 사무엘까지.

■ 삿 17:6, 21:25 우리 인생이 동일한 죄의 반복 속에 살면서 주어진 것을 누리지 못하는 이유는 '주인'이 바로 서지 않았기 때문이다.

＋ Tension : 룻기

■ 룻 1:16 하나님의 구원은 '주인'을 바로 선택한 이방 땅의 한 여자를 통해서도 이루어진다.

6. 통일왕국 시대

하나님의 통치, 사울, 다윗, 솔로몬 그리고 성전

■ 삼상 15:22 나도 이 세대에 왕 같은 리더로 세움을 받았다. 나는 누구의 음성을 들으며 어떻게 순종하고 있는가? 나를 통해 하나님 나라와 지경이 넓어지며 하나님께 예배하게 되는가?

7. 분열왕국과 포로 시대

하나님의 심판, 북이스라엘의 왕들과 남유다의 왕들

■ 왕하 24:3~4 우리는 역사의 반복되는 실패 속에서 무엇을 배우고 있는가? 나도 동일한 역사를 반복하지 않으려면 어떻게 해야

할까?

🔍 + Tension : 선지서들/From Heaven to Earth

죄가 심한 곳에 은혜가 더했듯이 하나님은 위기의 순간에 더 큰 음
성으로 말씀하셨다. 나는 이 음성을 듣고 있는가? 나는 이 음성이
되고 있는가? 아니면 이 음성을 죽이는 존재로 사는가?

(선지자의 활동은 다음 세 번의 시기에 집중되어 있다.)

■ 첫 번째 시기 / 북이스라엘이 멸망할 즈음

① **아모스:** 아람, 블레셋, 두로, 에돔, 암몬, 모압과 같은 이방 백성의 죄에
   대한 심판 메시지를 전한 후, 북이스라엘의 부패와 불의, 억압과 부정의
   를 심판한다(암 2:6).

② **호세아:** 하나님의 명령으로 음란한 여인 고멜을 아내로 맞이한 호세아
   는 하나님과 결혼한 이스라엘이 배신하는 가운데서도 끝까지 사랑으로
   호소하시는 하나님을 보여준다(호 3:1).

③ **요나:** 앗수르의 도시 니느웨로 가서 하나님의 심판을 전하라고 하신다.
   악한 이방 나라도 회개할 때, 용서하시는 하나님을 통해 요나로 대표되
   는 이스라엘의 사명을 향한 각성과 죄에 대한 회개의 모습이 반향된다
   (욘 4:10~11).

④ **이사야:** 북이스라엘이 멸망하는 가운데, 하나님은 남유다 백성에게 메

시지를 주신다. 환경과 상황을 바라보지 말고 오직 하나님만 의지할 때 회복되고 승리할 수 있음을 보여준다. 아울러 그들이 이 메시지에 순종하지 않을 것을 미리 아신 하나님은 메시아 예수님에 대한 예언들로 진정한 회복의 때를 바라보신다(사 53~55장).

⑤ **미가:** 이사야와 동시대에 사역한 미가는 남북 두 왕국의 수도인 예루살렘과 사마리아에 공의와 회개를 선포했고, 아울러 예수께서 베들레헴에서 나실 것을 이사야와 같은 맥락에서 예언했다(미 6:6~8).

■ 두 번째 시기 / 남유다가 멸망할 즈음

① **스바냐:** 남유다 요시아왕 시절에 종교개혁이 있었으나 그 개혁이 온전치 못한 것을 탄식하면서 다가올 하나님의 심판, 곧 "여호와의 날"을 선언한다. 하지만 그 심판의 날 뒤에 진정한 회복이 있음도 노래한다(습 3:14~20).

② **하박국:** "왜 악인은 잘되고 의인은 고통당하는가"에 대한 문제를 하나님 앞에 가져온 하박국 선지자는 하나님의 때와 심판에 대한 응답을 받음으로 진정한 신앙이 갖추어야 할 인내와 기다림 그리고 주님이 이루실 결과를 감사하며 찬양한다(합 3:16~19/ 2:4은 로마서와 긴밀하게 연관된다).

③ **나훔:** 150년 전 요나의 메시지를 듣고 회개했지만 과거 죄악된 모습으로 돌아간 앗수르의 수도 니느웨가 철저히 심판받을 것을 선언한다(나 1:2).

④ **요엘:** (정확한 시기는 알 수 없으나) 임박한 심판과 환란에 대비하여 회개

할 것을 강력한 메뚜기 이미지를 내세우며 요구하고 있고, 그 가운데서도 주님께 돌아선 자들에게 부어주시는 하나님의 영을 기대함으로써 초대교회 오순절 사건의 기초를 놓았다(욜 1:2~4, 2:28~32).

⑤ **예레미야:** 바로 앞에 남유다의 멸망이 닥친 상황에서 예레미야는 강대국을 의지하여 이 문제를 해결하려고 하지 말고 주님이 주시는 심판의 결과를 받아들여야 한다는 어려운 메시지를 기막힌 고난 가운데 전한다. 이 모든 일 후에 새로운 언약(신약이 여기서 나옴)과 성령의 오심을 예언하고 있다(렘 33장).

⑥ **예레미야애가:** 결국 예레미야의 예언은 현실이 되고, 예레미야는 눈물을 흘리며 아파한다. 하지만 그런 절망적인 상황 속에서도 주님의 긍휼을 바라보며 하나님 백성의 참 회복을 기대한다(애 3:19~39).

⑦ **오바댜:** 구약에서 가장 짧은 오바댜서는 이스라엘이 심판받는 고통스러운 상황 속에서, 형제 국가로서 더 극악한 죄를 짓고 있는 에돔에게 경고와 심판을 하고 있다(옵 1:8).

■ 세 번째 시기 / 남유다가 포로된 즈음(바벨론 유수)

① **에스겔:** 바벨론에 포로로 끌려온 에스겔은 하나님께서 보여주시는 환상을 통해, 현실보다 더 실제적인 환상이라는 미래적 현실을 보게 된다. 이것은 지난날 이스라엘이 자기 죄를 직시하며 회개할 때 열리는 하나님의 심판과 회복의 메시지로서 하나님은 새로운 성전의 모습으로 이스

라엘 백성과 함께하실 것을 기대하게 된다. 에스겔의 여호와 삼마는 신

약의 임마누엘로 이어진다(겔 48:35).

② **다니엘:** BC 605년에 친구들과 함께 바벨론으로 끌려간 다니엘은 실패

하고 포로 된 이방 백성임에도 바벨론과 페르시아 두 제국에서 최고 관

직에 오르면서 하나님이 역사의 주인이심을 역사적 사건(전반부)과 환상

(후반부)을 통해 보여준다(단 12장).

+ Tension:시가서/From Earth to Heaven

선지서가 하나님으로부터 사람을 향하는 소리라면, 시가서는 사람

으로부터 하나님을 향한 소리다. 그 소리는 하나님이 주신 감동에서

시작된 것도 있고 인생을 보고 깨달은 데서 온 것도 있고, 현실의 비

극 속에서 울부짖는 것도 있지만, 그 두 소리가 조화를 이루는가, 아

니면 불협화음을 이루는가를 우리도 생각해봐야 한다.

■ 시가서에 대한 간략한 설명

① **시편:** 총 150편으로 구성된 시편은 다윗, 솔로몬, 히스기야 및 아굴과

같은 탁월한 하나님의 사람들이 쓰고 편집한 것으로 하나님께 찬양하고

기도하고 탄식하고 고백하면서 우리의 모든 입술의 고백과 삶의 방향이

하나님을 향해야 함을 보여준다. 우리는 다양한 방법으로 시편을 읽고

암송하고 노래할 뿐만 아니라 신약의 많은 저자가 인용한 해석적 가치

에 대해서도 탐구할 수 있다(시 119편).

② **잠언**: 솔로몬은 '지혜'를 노래한 책이다. 그러나 이 지혜는 세상 지혜와 달리, 하나님을 경외하고 그분을 닮는 지혜로서 신약의 성령으로 연결되는 능력이기도 하다. 단순히 윤리적 수준에서 읽어도 얻는 것이 많지만, 성령의 빛에 비추어 읽어볼 때, 복음적 삶의 능력(성령 충만한 삶)이 무엇인지를 알 수 있다(잠 16:1~4).

③ **전도서**: 솔로몬이 노후에 쓴 기록으로 보는 전도서는 표면적으로 읽을 때 "세상 모든 것이 헛되다"라는 허무주의를 강조하는 것 같지만, 이와 매우 큰 대조를 이루면서 하나님을 알고 그분이 주신 삶을 사는 것이 얼마나 값진 것인지를 보여줌으로써 상대적으로 귀한 삶이 무엇인지 반추할 수 있게 한다(전 11:9~12:2).

④ **아가**: '사랑의 노래'가 아닌 '아름다운 노래'인 아가서는 표면적으로는 솔로몬과 술람미 여인 사이의 육체적인 사랑을 노래하고 있는 것처럼 보인다. 이것은 우리의 신앙이 단순히 영적(비물질적)인 것만이 아니라 육체적인 것을 포함한다는 사실과 함께 더 깊게는 신부로 상징되는 신약교회 성도가 신랑 되신 예수님과의 깊은 연합 속에서 살아야 함을 보여준다(아 2:10~17).

〔참고로 욥기를 이 시점에서 "포로기 고난에 대한 해석"이라는 관점으로 읽을 수도 있다.〕

8. 포로 귀환과 회복의 시대

하나님의 회복, 스룹바벨, 에스라, 학개, 스가랴, 느헤미야, 말라기, 성전의 재건

느헤미야 1장 "하나님은 심판만 하시는 분이 아니라, 또다시 회복하게 하시는 분이다. 우리의 신앙에 시련은 있어도 실패는 있을 수 없다. 하나님은 그 언약을 신실하게 지키시기 때문이다(신명기의 약속들). 나는 하나님의 회복을 기대하고 있는가?"

🔍 + Tension : 에스더(다니엘) / 돌아오지 못한 사람들

하나님께서 약속하신 가나안 땅으로 모든 사람이 돌아온 것은 아니었다. 그렇다면 그 땅에 남아 있던 자들은 실패한 것인가? 아니다, 하나님은 그들을 통해서 보내는 일을 하셨고 이방 땅에서 하나님의 역사를 이루셨다.

🔍 + Tension : 후기 선지자들 / 돌아온 자들에게 필요한 메시지

포로에서 돌아온 사람들은 사실, 페르시아 땅에 남은 사람들보다 더 열악한 현실을 감내해야만 했다. 바로 그 순간 하나님의 음성이 다시 들린다. 진정한 회복의 중심에는 언제나 말씀의 회복이 있어야 한다.

■ 포로에서 돌아온 이후 선지자들

① **학개**: 총독 스룹바벨 및 대제사장 여호수아와 함께 1차로 고국에 돌아온

학개 선지자는 열정적으로 시작된 성전재건이 방해 공작으로 16년간 중단되자, 다시 일어나 성전을 지을 수 있도록 백성을 독려한다(학 1:2~6).

② **스가랴:** 스가랴는 학개와 함께 성전 재건을 독려했을 뿐 아니라, 나아가 새 예루살렘의 모습을 보여주며 육신의 몸을 입고 오신 참된 성전이신 예수 그리스도를 바라보게 한다(슥 9:9~10).

③ **말라기:** 느헤미야가 와서 성벽의 재건까지 마치고 페르시아로 돌아간 후, 유대인은 다시 형식적인 신앙생활로 돌아갔다. 그래서 말라기는 외형과 형식의 종교가 아닌 신령과 진정을 다한 하나님과의 관계로 이루어진 바른 신앙을 도전한다(말 4장).

🔍 + Tension : 역대기(히브리 성경의 마지막) / 해석된 역사

무너진 이스라엘의 회복을 위해서는 "역사에 대한 재해석"이 필요했다. 단순히 과거의 내용을 기억하는 것만 역사가 아니라. 하나님의 시각으로 그것을 해석하여 미래로 열어줄 수 있는 것이 역사다. 사무엘서와 열왕기서가 있는데도 역대기가 히브리 성경에서 마지막에 있는 것은 "아담, 곧 하나님의 형상으로부터 시작되는 이스라엘(하나님 백성) 역사에 관한 새로운 해석"을 '포로 후기'에 진행했다는 의미가 된다.

복음과 교회가 무너져가는 이 땅에서 우리는 어떤 역사를 붙잡고 재해석해야 하는가? 그것을 어떻게 미래로 이어갈 수 있을까? (역대기가 강조하고 있는 것과 생략하고 있는 것을 잘 살펴보라.)

■ 신구약 중간사 (400년)

북이스라엘이 앗수르 제국에 멸망하고, 남유다를 비롯한 고대 근동의 모든 나라가 페르시아 제국에 패하여 포로가 된 후, 알렉산더라는 젊은 영웅의 등장으로 헬라/그리스 시대(BC 336~167)가 열린다. 헬라 제국은 알렉산더의 죽음과 동시에 프톨레미 왕조와 셀루쿠스 왕조로 이어지다가, 강력한 유대인들의 결집으로 마카비 혁명을 성공하여 하스몬 왕조를 이룬다(BC 166~67). 그러나 BC 63년부터 로마가 등장하면서 대제국이 형성되었고 세계는 로마를 통해 언어(헬라어), 도로(모든 길은 로마로 통한다), 철학과 종교(그리스 로마의 사상적 흐름은 사물에서 인간으로 그리고 초월적 신으로 이동) 그리고 법(로마의 강력한 법)의 바탕 위에 예수 그리스도의 복음이 짧은 시간에 전 세계로 펼쳐질 수 있는 토판이 마련된다. 진정 "때가 찬" 것이다 (갈 4:4).

신약 성경의 흐름

1. 메시야를 기다리는 시대

하나님의 기다림, 세례요한, 요셉과 마리아, 헤롯

■ 마태복음 1장의 족보는 예수 그리스도가 메시아로서 구약과 긴

밀한 연결 관계를 맺고 있음을 보여준다. 누가복음은 사가랴와 엘리사벳을 통해 태어난 세례요한의 삶을 조명하면서 말라기 4장에서 예언된 엘리야의 영을 가진 선지자와의 관련성을 언급하여 요셉과 마리아를 통해 오실 하나님의 아들, 우리 왕, 인류의 구원자 즉 메시아의 오심을 고대하게 한다(마 1장, 눅 1장).

2. 메시아 예수의 탄생과 사역의 시대

하나님의 새 언약: 예수 그리스도, 열두 제자, 예수 그리스도와 함께하는 사람들

■ 예수 그리스도는 구약의 하나님께서 자기 백성을 구원하고자 보내신 수많은 인물의 클라이맥스로 율법을 완성하고 하나님의 새 백성을 일으키는 구원의 성취자가 되셨다. 그분은 단순히 성인으로 세상에 윤리적, 인간적인 도움을 주시려고 온 것이 아니라, 십자가에서 죽고 부활하심으로써 인류 전체가 그동안 어떤 힘으로도 해결할 수 없었던 죄 문제를 해결하고 우리에게 그 제자가 되어 살아가도록 부르셨다(마 28장).

🔍 + Tension : 사복음서 / 한 사람, 네 이야기

신약의 시작은 사복음서로 되어 있다. 마태, 마가, 누가, 요한복음은 조금씩 내용 차이도 있다. 그러나 이것은 예수 그리스도의 사역이

불분명해서가 아니라, 다양한 시각에서 그분의 사역을 조명하고 다양한 계층에 전달하려고 스펙트럼을 넓히기 위한 것이다.

■ 마가복음

가장 짧으며 가장 먼저 기록된 복음서로 보인다. "즉시(유뒤스)/곧"이라는 표현이 42번이나 나오고 로마적 배경을 가지고 있어서 일차적으로는 로마인을 대상으로 하며, 예수님의 말보다는 행동에 초점이 맞추어져 있다.

■ 마태복음

사복음서 중, 순서상 가장 먼저 배치되고 구약과의 연결성이 강하다. 구약 인용도 가장 많아 유대인을 대상으로 기록한 것으로 보인다(그래서 유대적 배경에 대한 자세한 설명이 없다). 모세오경처럼 형식적으로는 5번의 강화형식(5~7장, 10장, 13장, 18장, 24~25장)을 뼈대로 하여 회당에서 유대인에게 가르치듯 한 메시지 전달에 초점이 맞추어져 있다.

■ 누가복음

가장 많은 자료를 모아 역사 순서에 맞게 기록된 누가복음은 의사 누가가 이방인을 위해 기록한 복음서이다(그래서 유대 배경에 대한 설명이 많다). 사복음서 중에서 시간 흐름이 가장 정확하고 의사로서 치유적 사역에 많은 관심을 보인다. 여성과 이방인의 복음적 확장에 관심이 많기에 사도행전과 함께 읽는 것이 좋다.

■ 요한복음

제4의 복음이라 불리는 요한복음은 예수님의 제자인 요한이 직접 체험한 내용으로, 다른 복음서에 없는 내용이 많고 상징적이고 철학적인 해석과 접근이 많다. 사복음서가 공히 초점을 맞추고 있는 십자가 죽음도 요한은 승귀적昇貴的 입장에서 재해석하고 있으며, 특히 예수님의 표적(sign, 2:11, 3:2, 4:54, 7:31, 9:16, 20:30)과 예수님의 스스로 드러내심("나는 ~이다")을 중심으로 한 계시에 초점을 맞춘다(생명의 떡, 6:35, 48 / 세상의 빛, 8:12, 9:5 / 양의 문, 10:7 / 선한 목자, 10:11 / 부활이요 생명, 11:25 / 길, 진리, 생명, 14:6 / 참 포도나무, 15:1).

🔍 + Tension

이렇듯 다양한 복음서는 긴장 속에서 서로를 보충하면서 예수님을 더 풍성하게 만나는 길을 열어준다.

3. 제자(사도)들이 복음을 확장해가는 시대 / 사도행전

하나님의 영, 성령의 역사, 열두 사도, 바울 그리고 수많은 동역자들

■ **사도행전 1:8** 사도행전 30년의 시간은 예수 그리스도를 통해 하나님께서 주신 복음이 성령의 능력으로 확산되는 시간이다. 이 확장

은 지금까지 우리가 살펴본 복음의 지리, 시간, 사람 모두에게 확장되는 시간이다. 구체적으로 말하면 지리는 예루살렘에서 유대, 사마리아를 넘어 땅 끝까지 확장되고, 시간적으로는 어둠과 율법의 시간에서 빛과 진리의 시간으로 확장되는 것이며, 인종적으로는 유대인에게서 이방인을 모두 포함하는 쪽으로 확장이 이루어진다.

1) 준비 기간 / 행 1장

 잃어버린 가룟 유다 대신 맛디아를 뽑고 기도로 준비하다.

2) 오순절 성령강림 / 행 2장

 바벨탑으로 분리되었던 언어는 성령의 오심으로 방언과 찬양이 넘치고 베드로의 설교로 3천 명이 회심하면서 교회가 시작된다.

3) 제자들의 성숙과 핍박 / 행 3~5장

 예수님을 모른다고 세 번이나 부인하던 베드로는 그분의 이름으로 성전 미문에 앉은 하반신 장애를 가진 사람을 일으켰다. 동시에 제사장과 유대 당국자들의 위협도 시작된다.

4) 동역자들과 순교 그리고 분산 / 행 6~8장

 교회 공동체가 커지자 크고 작은 문제들도 생겼다. 이에 사도들은 기도와 말씀에 전념하고 동역자들(소위 일곱 집사)을 뽑았으며, 그중에서도 스데반은 성령과 말씀에 충만하여 복음을 전하다가 순교했고, 빌립도 흩어지면서 사마리아와 이디오피아 내시에게 까지 복음을 전한다.

5) 새로운 인물의 등장 / 행 9~12장

스데반의 죽음을 당연히 여기며 살기가 등등하던 바리새인 사울 은 다메섹에서 주님을 만나 새로운 동역자가 되고, 베드로는 기도 중에 로마 백부장 고넬료를 만나 성령이 임하는 역사가 일어난다.

6) 고난 속에서 확장되는 복음

야고보가 순교를 당하고 베드로가 감옥에 갇히는 어려움 속에서 도 하나님은 새로운 동역자를 사도와 제자로 선택하셔서 복음이 확장되도록 하셨다. 바울을 중심으로 한 3번의 전도여행은 하나 님의 계획이요 예수 그리스도의 열정이며 성령의 역사로 가능했 다. 사람들은 그 하나님의 방향에 순종한 것이다.

+ Tension : 서신서들 / 교회와 개인을 위한 작은 편지들

사도행전이 거대한 흐름 속에서 복음이 흘러가는 선발대의 모습 으로 그려진다면, 서신서는 그러한 선발대가 지나가고 난 자리나 앞으로 가야 할 자리에 있는 교회와 성도에게 조금 더 세심하게 전해진 하나님의 음성이다. 당시 지극히 작은 교회와 개인을 향해 주어진 매우 사적인 편지가 2천 년 넘게 모든 교회와 성도가 보편적으로 읽고 은혜를 나눌 수 있는 메시지가 되었다는 점은 참으로 놀라운 일이다.

7) 1차 전도여행: 행 13~14장

안디옥 교회에서 파송한 바울과 바나바 그리고 (바나바의 조카) 마가는 구브로, 비시디아 안디옥, 이고니온, 루스드라로 가서 복음을 전하고 돌아온다.

🔍 + Tension : 서신서들 / 문제 있는 교회를 위해

갈라디아서: 바울이 복음을 전한 땅에 거짓 복음(이단)이 들어왔다. 그들은 구원을 받아도 할례를 다시 받아야 한다는 유대 율법주의자들이었다. 결국 바울은 어떤 인종적·율법적 조건이 구원의 통로가 될 수 없음을 강조하고 자유의 복음을 편지로 전한다.

8) 예루살렘 공의회: 행 15:1~35

당시 유대인에게만 전해지던 복음이 이방인에게도 전해지면서 모세의 율법과 할례를 이방인이 어느 정도까지, 어떻게 지켜야

하는지 논의하기 시작했다. 난제가 있을 때 교회가 회의와 토론을 통해 문제를 해결하는 선례를 보여주었다.

9) 2차 전도여행: 행 15:36~18:22

바울은 바나바와 마가 대신 실라와 함께 1차 전도 여행지를 재방문하고 아시아의 끝에서 환상을 보고 유럽으로 넘어가 빌립보, 데살로니가, 베뢰아, 아덴 그리고 고린도(1년 6개월)에 복음을 전하고 안디옥으로 돌아온다.

🔍 + Tension : 서신서들 / 급하게 떠난 교회를 위해

데살로니가 전후서: 매우 짧은 시간(약 3주로 추정) 복음을 전하고 이동해야 했던 데살로니가 지역에 바울은 종말의 시기와 내용에 대한 궁금증이 확산하고 '이미 종말은 지나갔다'고 보는 혼란이 커지자 이에 대처하고자 급하게 두 편의 서신을 보낸다. (이 시점에 갈라디아서가 기록되었다고 보기도 한다. 다만 갈라디아 지역을 1차 전도 여행 지역으로 보고, 베드로와의 마찰이 예루살렘 회의 이후라고 보기 어렵기에 앞으로 당겼다.)

10) 3차 전도여행: 행 18:23~20장

바울은 3번째로 전도 여행을 떠난다. 갈라디아와 부르기아 지방을 거쳐 에베소에서 2년에 걸친 집중적인 사역을 하였고(두란노 서원), 유럽 지역을 돌아본 후, 배를 타고 예루살렘으로 돌아온다 (20장에 감동적인 고별설교가 있다).

🔍 **+ Tension : 서신서들 / 전도여행 중 기록한 서신들**

① **고린도전후서:** 바울이 2차 전도여행 기간에 복음을 전해 세운 고린도 교회는 성령의 역사가 많이 일어났지만 동시에 분리됨과 범죄도 기승을 부렸다. 아울러 고린도교회의 형제 글로에는 교회 안에 일어나는 여러 문제(소송, 결혼, 우상제물, 복장 및 성만찬 등)에 대해 바울의 대답을 요청했다. 바울은 이러한 문제와 질문에 답변하면서 고린도전서를 썼고, 이후에 아직도 해결되지 않은 문제와 오해한 부분을 마무리하고자 매우 인간적이고 고백적인 내용이 담긴 고린도후서를 보낸다.

② **로마서:** 3차 전도여행의 막바지에 바울은 고린도에서 로마서를 쓴다. 이제 그는 아시아와 유럽의 복음화를 마치고 스페인으로 갈 계획을 세우면서 로마 교회가 자신을 도와 복음의 징검다리가 되어줄 것을 도전한다. 이런 과정에서 바울은 복음의 진수를 담아 로마서를 보낸다.

11) 예루살렘에서의 시련과 로마 여행: 행 21~28장

3차 전도 여행을 마치고 돌아온 바울에게는 축하 파티가 아닌 시련이 기다리고 있었다. 그는 법정에서 오랜 시간 자신의 신앙과

복음을 증언했으나 무죄는 밝혀지지 않았고 이에 로마 황제에게 항소하게 된다. 우여곡절 끝에 바울은 배를 타고 로마에 도착했으며 누가의 기록은 힘차게 복음을 전하는 바울의 모습으로 아쉽게 마침표를 찍는다.

+ Tension : 서신서들 / 로마에서 쓴 옥중서신

① **에베소서:** 로마 감옥에 갇힌 바울은 가장 많은 애정을 쏟은 에베소교회에 참 교회의 모습을 설명하면서 머리이신 그리스도와 한 몸을 이루어야 할 교회 공동체의 유기적 연결성 및 영적 전투에서 승리할 교회의 모습을 소개한다.

② **빌립보서:** 로마 감옥에서 자신의 앞날이 어떻게 될지 몰라 갈등하면서 디모데를 통해 온 빌립보교회 소식과 헌금에 답하며 쓴 편지로서, '기쁨'이라는 단어가 집약된 '환희의 서신'으로 알려져 있으며 바울의 위로와 소망이 담겨 있다.

③ **골로새서:** 바울은 골로새교회에 침투한 혼합적 이단을 대처하고 그리스도에 관한 깊이 있는 강해와 설명을 통해 영적으로 깨어 있기를 도전하는 메시지를 담았다.

+ Tension : 서신서들 / 로마에서 쓴 개인 서신들

④ **빌레몬서:** 바울은 로마에서(로마가 아닐 수도 있음) 주인으로부터 도망친

종, 오네시모를 만나 복음을 전해 제자로 삼았고 그를 다시 주인에게 돌려보내며 한 편의 편지를 쓴다. 골로새서와 함께 간 개인 서신이다.

⑤ **디모데전서**: 바울이 영적인 아들로 여기던 젊은 사역자 디모데에게 쓴 편지로 약한 몸을 돌보고 선한 싸움에서 승리하며 교회의 여러 사역을 잘 이끌 수 있도록 직분자를 세우는 방향 등에 관한 제안을 담아 보낸 편지이다(목회서신 1).

⑥ **디도서**: 디모데와 같은 바울의 영적인 아들로 그레데 섬에서 사역하는 디도에게 목회 조언과 따뜻한 인간적 위로를 담았다(목회서신 2).

⑦ **디모데후서**: 바울의 마지막 편지로 알려진 디모데후서는, 그의 유언장과 같은 서신으로 복음을 전하며 살아온 자신의 삶을 회고하면서 이어지는 복음 사역을 부탁하고 있다(목회서신 3).

5. 바울 이후에 남겨진 동역자의 시대 / 공동서신

하나님의 교회 공동체, 무명의 히브리서 저자, 야고보, 베드로, 유다

■ AD 64년 로마 대화재 사건의 주범으로 그리스도인이 지목되자, 로마 제국 내에서 그리스도인은 말할 수 없는 고난과 시련을 당한다. 아울러 이단 사상들도 함께 들어와 교회는 안과 밖으로 몸살을 앓는다. 구약의 선지자들이 역사적 위기의 순간에 더 큰 목소리를 냈던 것처럼 신약 서신들도 그러했다.

1) 히브리서: 작자 미상인 히브리서의 저자는 구약에 관한 탁월한 전문가로서 예수 그리스도에 대한 철저한 탐구와 설명을 통해 당시 유대 그리스도인들의 흔들리는 믿음을 굳게 하고 구약에서부터 이어져 내려오는 진실한 믿음의 계보를 교회가 이어가길 도전한다.

2) 야고보서: 예수님의 동생 야고보는 극렬한 박해 속에서 믿음을 잃어가는 성도들에게 참된 신앙이란 삶에서 살아내는 인내와 실천의 믿음임을 강조함으로써 참된 복음의 삶으로 역전하라고 도전한다.

3) 베드로전후서: 예수님의 제자 베드로는 고난 속에 있는 교회에 미래의 소망과 비전을 바라보게 함으로써 악한 세상의 정욕을 이기고 주님께서 주신 영적인 신분으로 심판의 날에 승리할 것을 도전한다.

4) 유다서: 예수님의 동생 유다는 한 장의 짧은 서신을 써 보내며, 교회의 박해 속에서도 이단적 흐름에 동참하지 말고 영적 전쟁에서 승리할 것을 권면한다.

6. 최후의 승리를 바라보는 시대 / 요한서신

하나님의 최후 승리, 하나님 나라의 도래. 예수님이 애제자 요한 그리고 우리들

1) 요한 1, 2, 3서: 가장 어린 시절 예수님의 제자가 되어 1세기 말까지 살다간 요한은 요한복음으로 '믿음'을, 요한 1, 2, 3서로 '사랑'을, 그리고 요한계시록으로 '소망'을 우리에게 전한다. 특히 요한 1, 2, 3서는 빛으로 오신 예수님의 사랑(1서)이 형제에게 이어지고(2서) 순회 선교사와 세상으로 이어지길(3서) 독려한다.

2) 요한계시록: 성경의 마지막 책 요한계시록은 흔히 미래에 일어날 일로 읽히지만, 사실은 고난 가운데 있는 교회가 지금의 고난을 이기고 거룩한 신부로 승리할 것을 도전하는 현실적인 서신이다. 밧모섬에 유배된 요한은 아시아의 일곱 교회로 대표되는 모든 교회에 하나님이 이루실 분명한 승리가 이미 시작되었음을 환상으로 보여주면서, 역사의 주관자 되시고 심판자 되시는 예수 그리스도를 통해 위로와 도전 그리고 진정한 소망을 주고 있다.

7. 내 영혼을 투석하는 말씀

지금까지 끊임없이 강조한 것처럼, 인격적인 하나님의 말씀은 우리 삶을 인격적으로 변화시키는 것을 목적으로 합니다. 즉, 그저 감동만 받고 이해하는 데서 그치는 것이 아닙니다. 하나님의 말씀 앞에서 모든 인격적인 요소가 다 변화되는 것입니다. 생각하는 방식이 변화되고, 말하는 방식이 변화되고, 돈을 쓰는 방식이 변화되고, 시간을 사용하는 방식이 변화되고, 사람을 만나는 방식이 변화되고, 삶을 살아가는 방식이 모두 변화되어야 합니다. 표정도 바뀌고 사용하는 언어도 바뀌어야 합니다. 그래서 직업도 바뀌고 인생을 살아가는 목적도 바뀌어야 합니다.

단순히 사람들이 보기에 좋을 정도가 아니라 예수님처럼, 예수님께서 기대하시는 수준으로 바뀌어야 합니다. 물론 그것이 어떻게 가능한지 묻는 분이 있을 것입니다. 그러나 하나님 말씀은 바로 그것을 목적으로 한다는 사실이 더 중요합니다. 내가 할 수 있느냐가 아니라 하나님께서 말씀을 통해 그것이 가능하도록 디자인하셨으며 그런 삶을 기대하고 계시다는 것이 더 중요합니다. 성경은 분명히 하나님께서 거룩하시듯 우리도 거룩하라고 레 11:45, 19:2 하시고 예수님께서 온전하시니 우리도 온전하라고 명령하십니다 마 5:48. 우리가 온전히 전 인격을 담아 하나님 말씀의 영향력에 순종한다면 하나님께서 우리를 그렇게 만드실 수 있다고 저는 믿습니다.

인간 존재의 철저한 발견

하나님 말씀의 영향력은 우리가 죄인임을, 죽어 마땅한 존재임을 발견하는 데서 출발합니다. 더 정확하게 표현하자면 어두운 곳에 빛이 비춰듯이 우리가 감췄던 것이 그 말씀 앞에서 드러납니다. 물론 앞에서 언급한 것처럼 우리는 하나님 말씀을 통해서 가장 먼저 하나님을 발견합니다. 하지만 동시에 그 하나님께서 가장 관심을 두고 계신 대상은 사람임을 알아야 합니다. 그래서 하나님도 사람의 변화를 바라십니다. 하나님께서 그 변화된 사람을 통해 당신의 일을 하고자 하시기 때문입니다.

한 사람을 변화시키기 위해 하나님께서는 가장 먼저 말씀을 통해 각 사람의 실체를 밝히십니다. 의사가 환자의 건강을 돌보기 전에 질병과 문제를 먼저 드러내는 것처럼 말입니다. 그것도 아주 적나라하고 객관적으로 그렇게 합니다. 하나님께서 말씀을 가지고 하시는 일도 동일합니다. 우리 존재의 밑바닥을 드러내시고 우리 삶의 허상과 이중성을 고발하십니다. 물론 그 일은 고통스럽습니다. 하지만 그 과정을 통해서만 우리의 진정한 변화가 시작됩니다.

교회에 위로만 받으러 오는 사람이 많습니다. 말씀도 그런 목적으로 읽는 분이 많습니다. 당연히 하나님의 말씀에는 위로가 있습니다. 그러나 그 위로는 하나님의 길을 바로 가기 위한, 또한 바로 가는 사람을 위한 위로이지, 잘못된 삶을 살고 있는데 무조건 괜찮다고 위로하지는 않습니다. 이사야 40장 1절에 "내 백성을 위로하라"는 말이 있지만, 이 위로는 1장부터 39장까지 죄에 대한 철저한 심판과 회개를 전제하는 말이며 이후에도 무조건적인 위로가 아니라 하나님을 증거하고 그분의 길로 가는 것을 목적으로 합니다 사 40:6~31. 또한 마태복음 11장 28절에서도

"수고하고 무거운 짐 진 자들아 다 내게로 오라 내가 너희를 쉬게 하리라"고 위로하시지만 이 말씀은 위로로 그치지 않고 주님의 멍에를 메고 주님의 진리를 배워 주님의 길을 가는 것으로 이어집니다 마 11:29~30, 고린도후서 1장. 하나님의 말씀 앞에 바로 서면 그분의 한없이 높으심과 나의 한없는 비천함을 발견합니다. 거기서 주눅 들고 상처받으라는 것이 아니라, 깨어지고 회개하고 용서하고 낮아져서 겸손하게 되라는 것입니다. 그것이 말씀의 참된 영향력입니다.

하지만 거기서 끝이 아닙니다. 그다음에 우리는 하나님께 얼마나 존귀한 존재인지를 발견합니다. 죄 많고 흠 많은 우리를 위해 드려진 하나님의 사랑과 십자가의 희생과 성령님의 간절한 기도는 우리가 쓸모없는 쓰레기가 아니라 새롭게 회복되어 하나님의 일을 이 땅에 이룰 아름다운 보석임을 깨닫게 합니다. 우리는 이 땅에 아무 이유 없이 태어나지 않았습니다. 그저 세례받은 후에 죽으면 천국에 가려고 무의미하게 이 세상을 통과하는 것도 아닙니다. 바로 여기 이곳에서 하나님 나라를 도래하게 하는 자로 살도록 우리는 귀한 인생을 선물로 받았습니다. 그것이 바로 하나님께서 주신 사명입니다. 우리는 그것을 깨닫고 발견해야 하며 다섯 달란트 받은 종처럼 순종해야 합니다.

그래서 우리는 하나님 앞에 벌레 같은 죄인이면서도 존귀한 그분의 자녀입니다. 인격적인 하나님의 말씀에 담긴 영적 긴장은 우리를 혼란스럽게 하는 것이 아니라 역동적이고 생명력 있는 존재가 되게 합니다. 교만하지 않으면서도 낙망하지도 말고 끊임없이 하나님만 의지하고 살게 합니다. 우리가 죄인이며 동시에 의인이고, 스스로 아무것도 할 수 없지만 위대한 사명을 감당할 수 있다는 진리는 우리가 매 순간 하나님만 의지하고 살아가야 하는 존재이며 단 한 순간도 그분의 말씀 없이는 살 수 없는 존재임을 증명합니다. 물론 이러한 변화는 한순간에 이루어지지 않습니다. 인격적인 하나님 말씀이 이야기라는 흐름 속에서 점진적으로 계시된 것처럼 우리 삶도 조금씩 그 말씀으로 달라집니다. 말씀을 통해 자기 존재의 실체를 발견한 후 회개하는 사람에게 일어나는 구체적인 변화 속으로 조금 더 들어가 보겠습니다.

감정적인 변화

이 주제에 관해 말하며 '지성적인 변화'를 먼저 언급해야 하지 않느냐고 할지도 모르겠습니다. 바로 알아야 바로 살 수 있다고 생각하기 때문입니다. 하지만 제가 25년 가까이 목회를 해보고, 또한 저의 영적인 변화를 회고하면서, 동시에 많은 성도가 진실로 말씀 앞에 바로 서는 과정을 점검하면서, 변화의 첫 단추는 머리가 아닌 가슴에서 시작됨을 느낍니다. 교회에 처음 나오거나 성경을 처음 펼친 사람이 하나님에 대해 느끼는 첫 감각은 지성적인 것이 아닙니다. 사람을 만났을 때 몇 초 안에 새겨지는 첫인상처럼, 그것은 감정적인 것입니다.

지난 세월 신학이라는 영역에서 감정은 불편하고 부정적인 취급을 받아왔습니다. 그러나 실제로 하나님을 만나고 진정한 그리스도인이 되면 첫 번째로 감정이 달라집니다. 위에서 언급한 인간 존재의 철저한 발견 과정에도 감정적인 부분이 먼저 개입합니다(자신에 대한 철저한 발견으로 눈물을 흘리고 회개하는 것과 같은 모습을 의미합니다).

창세기 1장을 펼쳐 첫 구절을 읽어보십시오. "태초에 하나님이 천지를 창조하시니라." 시작부터 하나님은 우리를 지적으로 설득하려 하지 않으십니다. 지성적인 이해를 요구하지도 않으십니다. 하나님은 그저 선포하십니다. 지성적인 이해 자체가 불가능한 주제이기 때문입니다.

우리는 오히려 좀 더 감정적인 도전을 받습니다. 마치 그랜드 캐니언과 같은 장엄한 자연 앞에서 우리는 (높이나 길이나 너비 같은) 정보나 지적인 이해를 얻기 전에 그 위대함 앞에 우선 압

도당합니다. 감정이란 이런 느낌입니다. 오랜 시간 욥과 대화하면서도 하나님은 어떤 정보나 이해로 욥을 설득하지 않으셨습니다. 지성적인 이해가 필요 없기 때문이 아닙니다. 그것을 넘어서기 때문입니다. 지성적인 영역의 중요성에 대해서는 곧이어 이야기할 것입니다. 다만 지성과 지식이 먼저가 아님을 강조합니다. 바로 감정적인 영역에서 우리는 하나님을, 또한 그분의 말씀을 먼저 만나야 합니다.

특히 시편과 같은 하나님 말씀을 펼쳐서 몇 구절 읽기 시작하면, 시편 저자들이 어떤 상황에서 정확히 무엇 때문에 그런 이야기를 하는지 감을 잡기 어려운 내용으로 가득합니다. 심지어 끝까지 다 읽어도 모르는 경우가 허다합니다. 그러나 우리는 그 느낌을, 그 감정을 받아들일 수 있습니다. 아니 그렇게 받아들이도록 의도되어 있습니다. 그 감정을 먼저 바르게 받아들여야 죽어버린 문자가 아닌 살아계신 음성을 듣습니다.

가끔 아이들이 밖에서 놀다가 집에 들어와 한없이 울거나 무슨 알아듣지 못할 이야기를 막 던질 때가 있습니다. 그럴 때는 무슨 내용인지 정확하게 이해하기 힘듭니다. 그러나 그 감정을 받아들일 수는 있습니다. 아이는 지금 슬프거나 놀랍거나 감격하거나 애가 타고 있습니다. 먼저 그 감정을 받아주어야 합니다. 이따금 누군가는 감정을 배제하고 팩트만 보라는 말을 하지만,

그것은 사람이 무엇인지 인격이 무엇인지 모르는 발언입니다. 하나님 말씀도 그렇습니다. 우리는 하나님 말씀이 흐르는 그 구절에서 하나님께서 전하시려는 내용을 먼저 들어야 합니다. 아니 느껴야 합니다.

그렇게 하려면 우리는 '하나님 말씀과 같은 감정'을 가져야 합니다. 저는 그것이 거룩함이라고 생각합니다. 우리가 하나님 말씀을 바르게 이해하지 못하고 받아들이지 못하는 이유는 우리가 그분과 같은 감정적인 공감대가 없기 때문입니다. 바로 거룩함 말입니다. 더 정확하게 말하자면 '거룩함의 감정'이라고 할 수 있습니다.

물론 우리는 절대 하나님처럼 거룩하지 않습니다. 그러나 성경은 우리에게 계속 거룩하기를 도전하고 명령합니다. 지성적으로 탁월한 신학적 해석 능력을 가진 사람만이 성경을 잘 읽는 게 아닙니다. 오히려 그런 사람은 성경을 해부할 줄은 알아도 공감하는 능력이 부족할 가능성이 큽니다. 하나님께서 원하시는 거룩한 삶에 대한 태도, 곧 하나님 말씀과 같은 감정적인 공감 능력, 바로 거룩함의 감정을 갖는 것이 하나님 말씀을 바로 만나는 비밀입니다. 또한 그것이 말씀이 주는 귀한 영향력입니다. 그래서 에베소서 5장 26절에는 "말씀으로 깨끗하게 하사 거룩하게 하시고"라는 표현이 나오며, 디모데전서 4장 5절도 "하나님의 말씀과 기도로 거룩하여[진다]"고 하십니다. 쉽게 말해 거룩한 사람이 하나님 말씀을 바로 만나고, 또한 그 말씀을 바로 만날 때 사람들은 더욱 거룩해집니다. 거룩한 인격의 선순환이 일어나는 것입니다.

성경을 읽을 때마다, 하나님께서 이 부분에서 어떤 감정을 갖고 계신지를 먼저 느낄 수 있도록 자신을 낮추고 기도하고 또한 멈추어 서 있어야 합니다.

창세기 22장에서 아브라함이 이삭을 바칠 때 느껴지는 아버지 아브라함의 마음과 동시에 하늘 아버지의 마음을 느껴야 십자가에서 예수님이 못 박히실 때의 마음을 우리는 읽을 수 있습니다(저는 그 순간 '엘리 엘리 라마 사박다니'라는 말씀에 담긴 감정을 깊게 느낄 수 있었습니다). 요나가 불평하며 원망할 때 하나님께서 박 넝쿨 하나를 통해 던지신 마음에 공감해야만 욘 4:9~11 돌에 맞아 죽으며 "이 죄를 그들에게 돌리지 마옵소서" 행 7:60라고 기도한 스데반의 마음을 알 수 있습니다. 그러면 우리가 긍휼히 여기지 못할 사람은 아무도 없을 것입니다.

성경의 구절구절에 배어 있는 하나님의 마음을 읽는 일은 그분과 같은 감정을 갖는 데서 시작합니다. 하나님 말씀을 읽을 때, 내 감정을 하나님 말씀에 이입하는 것이 아니라, 하나님의 감정을 우리의 가슴에 불어넣어야 감정의 변화가 일어납니다.

바로 그 사람이 거룩한 사람, 아니 거룩해진 사람입니다. 교회에서는 그렇게 영적으로 보이는 집사님이 세상에 나가면 지독히도 강퍅한 태도로 사는 것은 하나님 말씀에 담긴 감정적인 만남을 소홀히 여기고 또한 그 만남을 충분히 갖지 못해서 일어나는 일입니다.

저는 지금까지 성경 전체를 히브리어로, 헬라어로, 독일어로, 영어로 그리고 여러 종류의 한글 성경으로 약 130번 정도 읽었습니다. 또한 하나님 말씀을 이해하기 위해 신학과 철학 및 시와 소설을 비롯한 상당히 탁월한 국내외의 여러 주석까지 약 1만 권의 책을 읽었습니다. 하지만 성경을 펼치면 여전히 모르는 것뿐입니다. 저는 욥과 같은 심정이 되어, 그분의 말씀을 지식적으로 온전히 이해할 수 없는 부분이 너무나 많다고 솔직히 고백합니다 욥 23:1~9. 하지만 구절구절마다 하나님의 마음이 어떠한지, 어떤 감정을 품고 계신지는 그렇게 많은 공부를 하지 않아도 쉽게 느낄 수 있었습니다. 물론 다 알 수 있다는 말은 아닙니다. 하나님에 관한 풍성한 지식이 없더라도 하나님의 가슴은 느낄 수 있다는 뜻입니다.

이제 막 성경을 읽기 시작한 분들에게 희망을 드리고 싶습니다. 처음 성경을 만나면, 당연히 배경 지식이나 다양한 신학 지식이 부족해 내용이 선명하게 정리되지도 않고 이해도 어렵습니다. 그러나 인격이신 말씀이 한 영혼의 인격에 와서 부딪칠 때, 느껴지는 감정과 그 본문에 배어 있는 마음을 깨닫는 일은 가능합니다. 그때 우리는 웃기도 하고 울기도 하고 가슴 밑에서 불쑥 올라오는 하나님의 마음에 온몸이 떨리기도 합니다. 바로 거기서 시작할 수 있고 그렇게 시작해야 합니다.

마치 처음 인격적인 누군가를 만나 대화를 시작할 때, 정확한 이해보다 상대방의 마음을 느끼는 것이 중요하듯이, 우리도 하나님의 말씀 앞에 바로 서면 먼저는 말씀의 감정적 영역을 만나고, 그 감정과 동감하고 이해하고 그 감정으로 연결되는, 그래서 그 동일한 감정으로 변화되는 일이 일어납니다. 그러므로 하나님의 말씀 앞에 서면 바로 정보와 지식으로만 만나려고 하지 마시고, 하나님의 심장과 나의 심장이 만나도록 하십시오. 그러면 말씀이 더 깊고 따뜻하게 나에게 찾아와서 지식적인 이해를 넘어서는 공감을 줄 것이며, 그렇게 지속해서 하나님 말씀을 읽어나가면 하나님의 말씀이 가진 감정적인 영역이 내 삶의 영역에도 이어져서 나의 태도와 감정도 말씀이 가진 태도와 감정으로 변화될 것입니다. 이것이 거룩하게 되는 길입니다. 바로 그때 우리 안에는 사랑, 희락, 화평, 오래 참음, 자비, 양선, 충성, 온유, 절제와 같은 성품이 아름다운 나무의 열매처럼 열릴 것입니다 갈 5:22~23.

하나님의 말씀에 감정적인 영향을 받았더라도 무조건 온유해지고 부드러워지기만 하는 것은 아닙니다. 말씀 안에 담긴 감정이 우리에게 거룩한 영향력을 발휘하면, 그분께서 싫어하시는 것에 대해 우리 감정도 동일하게 반응합니다. 불의와 죄악과 음란을 만났을 때 감정적으로 그것을 싫어하고 거절합니다.

시편 1편과 같은 복된 삶은 악하고 거짓된 것들에 대해 부정적인 감정을 느끼고 거절하는 것에서 비롯됩니다. 하나님의 말씀을 거룩한 감정으로 만나면 우리는 성전에서 분노하신 예수님이 그러셨듯 악한 것에는 단호한 감정을 느끼고_{마 21장}, 차별과 억압에 대해서는 아이들이 가까이 오는 것을 막는 행위를 보시며 분노하신 주님처럼 반응합니다_{마 10:14}. 바지가 내려가는 것도 모른 채 열정을 다해 찬양한 다윗과 같은 뜨거움도 경험하고_{삼하 6장}, 베드로가 "주는 그리스도시오 살아계신 하나님의 아들이십니다"라고 고백할 때 감격하면서도, 주님께서 마땅히 가야 할 길을 베드로가 막아섰을 때는 그를 호되게 혼내신 것과 같은 단호함도 갖춥니다_{마 16장, 막 8장, 눅 9장}. 이처럼 하나님 말씀을 먼저 인격적이고 감정적인 영역에서 만났을 때 하나님 말씀이 흘러가는 흐름을 바르게 받아들이고 공감하여 말씀에 제대로 반응할 수 있게 됩니다.

지성적인 변화

마음을 열어 하나님 말씀을 바로 만나면, 자연스럽게 우리의 감정과 함께 지성도 변화됩니다. 여기서 지성적인 것이 무엇인지 먼저 점검해야 합니다. 많은 정보를 갖게 된 것도 중요하지만 이것이 지성적인 변화의 핵심이라고 저는 생각하지 않습니다. 물론 성경의 역사적 배경이나 지리적 이해, 성경 언어의 특징과 문화적인 가치를 이해하는 일은 성경을 바르게 이해하는 데 필수적입니다.

우리는 하나님 말씀이 처음 전달되었던 독자들이 처했던 상황과 문화와 시대를 탐구한 학자와 그들이 남긴 연구물의 도움을 받아야 하며, 동시에 모든 성경을 한 단어나 특정 구절만이 아니라 문맥 속에서 읽고 이해하려고 훈련해야 합니다. 또한 하나님의 말씀을 기록한 저자들이 사용한 관용 표현과 은유적이고 풍유적 표현들 사이에서 드러나는 문학적인 의미를 잘 해석해 하나님께서 전달하고자 하시는 핵심을 찾아내고 들을 수 있는 훈련을 쌓아야 합니다. 하지만 이 모든 과정이 시작되기 전에 먼저 우리는 하나님의 말씀을 경외하는 것이 필요합니다. 그래야 성경을 진정 지성적으로 이해할 수 있습니다.

어떤 성도는 말씀 연구를 전혀 하지 않고 지식적인 것도 무시합니다. 모든 성경 구절을 문자적으로만 읽고 문학적이나 상징적인 표현에 관한 이해도 고려하지 않습니다. 반대로 어떤 성도는 지나치게 학문적인 연구에만 힘쓴 나머지 창세기에서 우주의 신비 전부를 찾아내려고 하고 심지어 예수님께서 땅바닥에 쓰신 글씨까지 억지로 알아내려고 애씁니다. 하지만 베드로조차 바울의 글 중에 어려운 것이 있으며 억지로 풀려 하다가 스스로 멸망에 들어간 사람이 있다고 경고했습니다 벤후 3:15~16.

그러므로 하나님에 대한 바른 지성, 곧 진정한 앎이 있어야 합니다. 히브리어로 앎을 나타내는 대표적인 단어로 쓰이는 '야다'는 단순히 정보 차원의 이해를 의미하지 않습니다. 그것은 '친밀한 앎'을 말합니다. 헬라어의 '기노스코' 역시 피상적인 지식이 아니라 깊이 있는 '관계적인 앎'을 목적으로 합니다. 그러므로 우리가 하나님 말씀 앞에 바로 선 다음에는 하나님을 알고, 그분을 깊게 만나는 지성적인 변화가 나타납니다.

그렇다면 하나님을 바로 만나고 깊은 관계로 아는 것이란 어떤 앎을 말할까요? 그에 대한 답은 성경에 등장하는 수많은 하나님의 사람이 그분을 알아가는 모습에서 엿볼 수 있습니다. 아브라함, 모세, 다윗 그리고 예수님의 제자들과 바울이 하나님을 알아가는 모습에는 일정한 특징이 있습니다. 곧, 하나님을 우주의 창조주이며 온 세상의 주인으로 알았다는 것입니다. 우리의 아버지이고 구원자요 중보자로 알았다는 것입니다. 여기서 지성적 영역의 핵심이 어디에 있는지 확인할 수 있습니다. 바로 하나님을 경외하는 것입니다.

아브라함이 하나밖에 없는 독자를 바칠 수 있었던 것은 그가 하나님을 경외의 대상으로 알았기 때문입니다 창 22:12. 레위기에서도 하나님께서 주신 율법 곧 말씀을 통해 하나님을 경외의 대상으로 여기라고 도전합니다. 그래서 "하나님을 경외하라, 나는 여호와이니라"라는 말씀이 계속 반복되는 것입니다 레 19:14, 19:32, 25:17, 26:2 등. 신명기에서도 하나님은 모세를 통해 말씀을 주시면서 이 백성이 하나님 경외하기를 배우고 알게 하라고 강조합니다 신 4:10. 결국 잠언 1장 7절에서 "여호와를 경외하는 것이 지식의 근본"이라고 하면서 '여호와를 경외함'과 '하나님을 아는 것'이 평행을 이루면서 잠언 9장 10절에서는 "여호와를 경외하는 것이 지혜의 근본이요 거룩하신 자를 아는 것이 명철이니라"고 핵심을 선포합니다.

이러한 경외를 통해 하나님을 바로 아는 모습은 초대교회에서도 나타나며 행 9:31 이후에 건강한 성도들의 삶에서도 선명하게 드러납니다 엡 5:21. 이 모든 것을 통해 우리가 하나님 말씀을 지성적으로 바르게 안다는 것은 곧 하나님의 말씀 앞에서 하나님을 경외하는 삶을 살아가는 것임을 알 수 있습니다.

결국 지성적으로 올바른 변화가 일어나면 우리는 "바른 예배의 삶"을 살게 됩니다. 실제로 저는 세상의 모든 사람이 다 '예배의 삶'을 산다고 생각합니다. 자신이 신이라고 생각하는 두려운 대상, 경외의 대상에게 예배하는 삶을 산다는 의미입니다. 자신의 외모, 돈, 인생의 성공, 욕망 그리고 쾌락을 우상으로 삼은 사람은 그것에 두려운 마음(경외)을 가지고 살고, 끝없이 그것을 예배합니다. 그러나 하나님을 바로 아는 사람은 인생의 모든 자리에서 하나님을 경외하며 삽니다. 성경을 보면 수많은 하나님의 사람은 세상을 두려워하지 않고 하나님을 경외함으로 그분께 찬양과 기도와 감사와 예배를 올렸으며, 계시록 19장 5절에서도 "하나님의 종들 곧 그를 경외하는 너희들아 작은 자나 큰 자나 다 우리 하나님께 찬송하라"고 선포합니다. 그래서 지금도 하나님을 두려워하지 않는 사람은 세상을 두려워하며 살고, 하나님 한 분만 경외하는 사람은 세상 그 무엇도 두려워하지 않고 삽니다.

하나님의 말씀을 경외하는 사람에게 성령님께서 지혜와 지식의 은사를 주시며 학자와 같이 깨닫게 하시고 학자와 같이 전할 수 있게 하실 것입니다. 그래서 저는 성경을 읽고 해석하고 설교하며 또한 다양한 글을 쓰는 한국의 모든 학자, 목회자, 성도 들이 두려운 마음으로 자신의 사역에 임하시길 부탁합니다.

문맥과 상관없이 한 구절에서 가져온 피상적 지식으로 교리를 만들지 말고 또한 함부로 다른 학자의 연구나 설교에 이단이라고 정죄하지 말기를 바랍니다. 그런 무의미한 일에 소중한 인생을 낭비하지 않았으면 좋겠습니다. 우리는 더 겸손하게 하나님의 말씀 앞에 마리아와 같이 앉아야 합니다. 그러면 자연스럽게 하나님 말씀이 우리 삶에 잠시 필요한 정보가 아니라 참된 지식이 되어 우리 인생에 기준으로 잡힐 것입니다.

바로 그때 하나님의 말씀이 말씀답게 우리에게 열릴 것입니다. 우리가 먹고 마시고 사고팔고 직업을 선택하며 살아가는 모든 순간에 하나님의 말씀이 중심이 될 것입니다. 이렇게 하나님 말씀을 경외하여 그 말씀을 우리 삶에 기준으로 삼아 살아가는 것이 참으로 말씀을 아는 사람이라고 할 수 있습니다.

여기에서 논의를 확장해 드리고 싶은 말이 있습니다. 요즈음 한국 교회가 예배와 설교를 분리해서 설교만 유튜브에 올리고, 또한 저명한 목사님의 설교 대부분이 책으로 만들어지는 일련의 흐름과 관련된 우려입니다. 설교는 중요하고 꼭 필요하지만, 더 중요한 것은 설교가 예배의 한 요소라는 점입니다. 설교를 통한 말씀 선포는 예배 안에서 비로소 의미가 있습니다. 그런데 자꾸만 설교를 예배에서 분리하고, 말씀을 교회의 자랑이나 한 목회자의 욕망을 실현하는 도구로 사용하는 것은 마음 아픈 일입니다.

저도 매주 설교를 유튜브에 올려달라는 요청을 받습니다. 물론 몸이 불편하고 상황이 여의치 않은 분들에게 그런 통로는 많은 도움이 된다고 생각합니다. 그러나 한국의 그리스도인 다수가 유튜브에서 설교를 들을 때, 어떤 태도로 들을까요? 정말 하나님을 경외하며 예배하는 태도로 그 앞에 서 있습니까? 이 부분을 한번 고민해보면 좋겠습니다. 목회자 스스로 하나님 말씀에 대한 경외감이 있다면, 설교를 광고처럼 인터넷에 올릴 수 있는지, 유튜브에 올라와 있는 다른 목회자의 설교를 자기 것처럼 훔칠 수 있는지, 그런 식으로 하나님 말씀을 사용하는 것이 참된 예배가 되는지, 그것이 참으로 하나님의 말씀을 아는 것인지, 그 무엇보다 이 모든 것이 하나님께 영광이 되는지에 대해 솔직히 대답해보아야 합니다.

말씀에 대한 선입견 재고하기

우리가 하나님의 말씀으로 지성적인 변화를 제대로 이루어 가려면, 그 전에 우리가 하나님 말씀이라고 여겼지만 실제로는 잘못된 지식이나 정보로 알면서 세뇌되었던 것을 다시 한번 점검하는 일종의 회개의 과정이 필요합니다. 존경하는 목회자가, 박학한 교수님이 했던 말이라서 그런 줄 알았지만 그중 어떤 것은 하나님 말씀을 바르게 만나지 못하게 하는 것이 실제로 많습니다. 그 예를 지금 하나 소개해 보겠습니다.

"네 시작은 미약하였으나 네 나중은 심히 창대하리라." 이 말씀을 읽을 때 먼저 어떤 느낌이 들어옵니까? 단순하게 "좋은 말씀이지!"라고만 생각한다면 (이 말씀이 욥기 8장 7절에 있는 것인지도 모르는) 영적으로 정말 순진한 어린아이라고밖에 할 수 없습니다. '그거 그렇게 좋은 말은 아닌데!'라는 생각이 든다면, 그래도 신앙 연조가 조금은 있는 분입니다. 한때 이 성경 구절은 성도들이 사업을 시작하거나 작은 구멍가게라도 열면 성공을 기원하는 의미로 많은 액자에 박혔고, 실패하거나 미약한 성도들에게 소망을 주는 말로 적잖이 인용되었습니다. 하지만 신학적인 발전이 진행되면서 학자들과 깨어 있는 목회자들은 이 말이 나온 문맥을 연구하게 되었고 결국 욥의 억울한 고난에 대해 잘 알지도 못한 친구 빌닷이 던진 말이며 사업이나 인생에 소망을 주는 표현으로 사용하는 것은 더 이상 옳지 않다고 판단하게 되었습니다. 쉽게 말해서 욥기 8장 7절은 욥이나 하나님께서 하신 말씀이 아니라, 나중에 하나님의 꾸중을 듣게 될 빌닷이라는 어리석은 인간의 말이기에 하나님의 말씀으로 대해서는 안 된다는 게 중론입니다.

우리는 여기서 한 걸음만 더 가보겠습니다. 바울은 아직도 영적인 어린아이로 살고 있는 고린도교회 성도를 성장시키고 바로잡는 글을 이어가다가 그들이 스스로 지혜롭다고 자만하고 교만하게 구는 것에 일침을 가하고자 구약성경을 인용하며 이렇게 말한 적이 있습니다. "하나님은 지혜 있는 자들로 하여금 자기 꾀에 빠지게 하시는 이라"고전 3:19. 맞는 말입니다. 하나님께서는 스스로 지혜롭다고 하는 사람들의 지혜를 오히려 어리석게 만드시고 그들이 파 놓은 함정에 스스로 빠지게 하시는 분입니다. 여기서 잠깐! 이 말씀은 어디에서 인용한 것일까요? 놀랍게도 이 구절 역시 욥기에서 가져왔습니다. 욥기 5장 13절입니다. "지혜로운 자가 자기의 계략에 빠지게 하시며 간교한 자의 계략을 무너뜨리시므로." 그런데 이 구절도 하나님이나 욥의 말이 아니라, 친구 엘리바스가 한 말입니다.

이제 좀 충격을 받은 분도 있을 것입니다. "네 시작은 미약하였으나 네 나중은 심히 창대하리라"는 욥기 8장 7절이 욥의 친구 빌닷의 발언이므로 부정적으로 다뤘다면, 바울이 고린도전서 3장에서 인용한 욥기 5장 13절, 곧 엘리바스의 말도 동일한 취급을 당해야 옳은 것 아닐까요? 어찌하여 빌닷이 한 말은 부정적으로 취급하고 엘리바스의 말은 긍정적으로 대해야 합니까? 단순히 인용자가 바울이기 때문입니까? 성경해석학을 조금이라도 공부한 사람이라면 바울은 구약 인용 시 표현 그대로를 따와서 인용하는 데 그치는 사람이 아님을 잘 알 것입니다. 흐르는 문맥 전체, 심지어 구약 각권의 흐름 전체를 고려해 핵심 문장을 뽑아 와서 창의적으로 활용하는 사람이 바울입니다.

그런 바울이 고린도교회 성도를 바로잡으려고 욥기 말씀을, 그것도 욥의 친구인 엘리바스의 말을 자기주장의 근거로 사용한 것이 합당하다면, 우리 역시 단순히 빌닷이 한 말이라고 해서 천대하는 욥기 8장 7절을 재고해야 하지 않을까요? 물론 저는 개인적으로 이 표현을 다시금 예전으로 돌려 사업을 시작하거나 어려운 상황에 부닥친 사람에게 무조건적인 소망의 부적으로 사용하자고 말하는 것은 아닙니다. 하지만 우리가 이전에 어설프게 말씀을 듣고 선입견적인 해석이 남아 하나님 말씀을 바르게 만나지 못하게 하는 일은 줄어들어야 하는 게 아닐까요? 그러므로 하나님의 말씀 앞에서 우리는 겸손해져야 합니다. 교회가 잘못 알고 있었던 성경에 관한 지식과 해석에 관해 바로잡는 책들이 지속해서 출간되는 것처럼, 우리도 지금 읽는 하나님의 말씀을 다시금 연구하고 노력하여 지속해서 업데이트해야 합니다. 오직 하나님 말씀을 인격적인 대상으로 경외하고 예배하는 사람에게는 그 길이 열리리라 믿습니다.

의지적인 변화

몇몇 사람은 '의지가 없다'는 말을 합니다. 하지만 제가 단호하게 말할 수 있는 것이 하나 있는데, 이 세상에 '의지가 없는' 사람은 아무도 없다는 것입니다. 모두 의지가 있습니다. 살아있는 인격체는 모두 의지가 있습니다. 죽어야만 의지가 사라집니다. 죽는 순간까지 없어지지 않는 것이 바로 사람의 의지입니다. 이따금 상담하다 보면 "목사님, 우리 아들은 공부를 안 해요. 뭘 하려는 의지 자체가 없어요"라고 푸념하는 소리를 듣습니다. 그러면 제가 여러 가지를 점검해봅니다. 그 과정에서 그 아들에게는 강한 의지가 있음이 드러납니다. 공부는 안하지만, 밤새워 인터넷을 하고 늦잠을 자는 데는 강력한 의지를 발휘합니다. 스마트폰을 보고 음란물을 찾아서 보는 데는 강력한 의지가 있습니다. 거짓말하고 부정적인 태도를 보이는 데는 엄청난 의지가 있다는 말입니다.

죄도 의지가 없으면 범할 수 없습니다. 그러므로 의지가 없다는 말은 하지 마십시오. 누구에게나 다 의지는 있습니다. 우리는 인격적인 존재이기 때문입니다. 중요한 것은 그 의지가 가진 방향입니다. 예배만 드리면 잠을 자는 청년이 있습니다. 하지만 스마트폰으로 게임할 때는 절대로 안 잡니다. 찬양할 때는 한 옥

타브를 내려 대충 부르고 함께 성경을 읽자고 하면 입을 꾹 다무는 전도사가 있습니다. 하지만 자기가 하고 싶은 말을 하고 다른 성도를 부정적으로 평가할 때는 누구보다 큰 목소리를 냅니다.

우리가 하나님 말씀 앞에 바로 서면, 우리가 가진 사망의 의지는 꺾이고 생명의 의지가 섭니다. 하지 말아야 할 생각, 표현, 행동을 절제하고 해야 할 생각과 행동을 지속합니다. 말씀은 우리에게 이런 것을 도전하고 또한 기대합니다. 제가 이런 말을 하는 것은 우리가 하나님 말씀을 읽을 때, "이 말씀이 무슨 뜻인가?" 또한 "이 말씀은 어떤 감동을 주는가?"에 머무르면 안 된다는 점을 강조하고 싶기 때문입니다. "이 말씀은 내 삶을 구체적으로 어떻게 바꾸기를 명하시는가?"까지 가야 합니다. 그리고 바로 그 부분에서 필요한 것이 순종입니다.

어머니가 맛있는 음식을 만들고 그 음식에 어떤 재료가 들어갔는지 설명을 듣고, 음식 냄새가 좋아서 군침을 흘리더라도, 정작 숟가락을 들어 그 음식을 먹지 않으면 아무 소용이 없습니다. 저는 이런 상황이 거의 매 주일 한국 교회에서 일어난다고 생각합니다. 솔직히 지금 이 글을 읽는 독자 여러분도 답해보십시오. 며칠 전에 드린 주일 예배의 본문과 제목이 무엇인지 생각이 나는지요? 그것이 힘들다면, 핵심 내용은 무엇이었는지 간단히 대답해보십시오. 대다수가 주일에 들은 말씀조차 기억하지 못합니다. 단순히 기억력의 문제가 아닙니다. 의지적으로 기억하려고 하지 않았기 때문입니다.

감사하게도 주일 설교 제목이나 내용이 제법 기억나신다면 다음으로 물어볼 질문은 이것입니다. 주일에 들은 그 말씀으로 한 주간 어떤 삶을 사셨습니까? 아마 대다수가 꿀 먹은 벙어리처럼 잠시 머뭇거리는 모습이 떠오릅니다. 그런 식으로 10년을 예수님 믿고, 100년을 교회 다닌들 무슨 변화가 있겠습니까?

주일에 목회자는 목이 터져라 설교합니다. 하나님이 누구신지, 예수님이 우리를 위해 무엇을 하셨는지, 성령님께서 우리에게 무엇을 요구하시는지를 말입니다. 성도들은 그 메시지에 감정적인 도전을 받고 지적으로도 깨닫는 바가 있어 '아멘'합니다. 그러나 의지적인 도전과 변화 앞에서 전혀 삶을 바꾸지 않습니다. 자신이 지금까지 지켜온 의지의 방향을 고수하기 때문입니다. 구체적으로 삶을 바꾸고자 수고하고 순종하지 않기 때문입니다. 아니, 그래도 되는 것으로 알고 지금껏 살아왔기 때문입니다.

저는 그 이유를 찾아보았습니다. 그것은 의지가 약해서가 아니었습니다. 오히려 악한 의지가 너무 강해서였습니다. 훈련이 없고 순종이 없기 때문입니다. 수요일에 말씀을 배우러 나올 수 있지만 자기가 하고 싶은 일을 하려는 의지가 더 강해서 그렇게 하지 않습니다. 금요일에 기도하러 나올 수 있지만 남자라는 체면 때문에 나오지 않습니다. 가장 결정적인 원인은 사랑하지 않기 때문입니다. 정말 사랑하는 사람이 임신을 해서 꼭 먹고 싶은 게 있다면 한겨울이라도 달려 나가 사오지 않겠습니까? 우리가 하나님의 말씀을 읽고도 의지적인 변화가 없는 이유는 그 말씀보다 자신을 더 사랑하기 때문입니다.

고린도전서 13장을 읽어 보면, 사랑이 없으면 아무것도 아니라고 합니다. 제가 아는 어떤 분이 생각납니다. 그분은 엄청난 성경 지식이 있고 언변도 탁월합니다. 그런데 사랑이 없습니다. 스스로도 자신에게는 사랑이 없다고 자신 있게 말합니다. 아니, 사랑만 없다고 합니다. 그래서 그 좋은 지식과 놀라운 화술로 아무 열매도 맺지 못합니다. 자기가 아는 것을 말만 하려고 하지 그 지식에 따라 살아가지 않습니다. 하나님 말씀을 사랑하는 것이 아니라 그 말씀으로 다른 사람에게 말하는 것만 좋아하기 때문입니다. 그러나 사랑이 없으면 일부가 없는 것이 아니라, 전부가 없는 것입니다. 고린도전서 13장을 꼭 읽어보십시오. 그 어떤 지식과 능력과 논리가 있더라도 사랑이 없으면 아무것도 아닙니다. 또한 이어서 사랑은 감정이 아니라 행동이라는 것을 알 수 있습니다. 오래 참고, 온유하며, 시기하지 않고, 바라고, 섬기는 모든 일은 머릿속에서 멈추는 것이 아니라 의지적으로 손과 발로 이어져야 가능한 것입니다.

그러므로 말씀 앞에 설 때마다, 하나님께서는 내가 어떻게 의지적으로 바꾸길 원하시는지 여쭈어보고 기록하고 순종해서 의지의 방향이 바뀌어야 합니다. 중학교 3학년 때 아버지께서 담배를 피워보라고 하셔서 한 번 피운 적이 있습니다. 그리고 지금까지 피우지 않습니다. 제가 담배를 피우지 않는 이유는 기회가 없어서가 아니라, 의지적으로 피우지 않았기 때문입니다. 그러나 그때부터 지금까지 담배를 피우는 제 친구도 있습니다. 안수집사가 되어도 여전합니다. 그 친구가 의지적으로 30년 넘게 담배를 피워왔기 때문입니다. 찔림도 있고 깨닫기도 하지만 의지적으로 계속 피웁니다.

하나님 말씀은 우리의 감정과 지식만이 아니라, 우리의 의지 속에 역사하기를 원하십니다. 하나님의 말씀이 의지의 영역에서 영향력을 발휘하려면 우리는 의지를 작동시켜 순종해야 합니다. 하나님께서 하지 말라고 하시는 것을 나도 하지 말아야 하며, 하나님께서 하길 원하시는 것은 행해야 합니다. 그래야 진짜 변화가 일어납니다. 바로 그것이 하나님의 말씀이 주는 진정한 영향력입니다. 했던 것, 하고 싶은 것, 하려고 하는 것이 아닙니다. 지금 하고 있는 것입니다. 의지적으로 순종하고 실천하는 것 말입니다. 그게 진짜 자신입니다. 각자 생각만이 아니라 실제로 걸어가는 길이 바뀌길 도전합니다. 그래서 의지의 영역에 말씀의 영향력이 가득하길 축복합니다.

말씀 충만, 성령 충만

종합하자면, 하나님의 말씀의 바른 영향력은 단순한 지식이나 정보의 유익이 아니라, 하나님의 말씀으로 우리가 죄인임을 발견하고 겸손해지며, 동시에 우리가 그분의 존귀한 사명자임을 깨닫고 삶의 방향을 바꾸어 그 구원을 감사하고 찬양하며 사명을 따라 살게 되는 것입니다. 구체적으로, 하나님 말씀으로 우리 감정이 변화되어 거룩한 사람이 되고, 우리 지식이 변화되어 하나님을 경외하고 예배하며 일상 속에서 그 말씀을 기준으로 살며, 우리 의지가 변화되어 성령님의 이끄심을 따라 하나님과 사람을 사랑하는 사람이 되는 것입니다. 결국 말씀의 충만한 영향력 속에 산다는 것은 예수님을 내 삶의 주인으로 인정하며, 삶의 모든 언행심사에서 말씀이 기준이 되고, 지금 여기서 역사하시는 성령님께 사로잡힌 삶, 곧 성령 충만한 삶을 사는 것입니다. 각자 자신과 믿음의 공동체가 이러한 말씀의 귀한 영향력 속에 있는가 점검해보고 이 영향력이 우리와 한국 교회에 넘치도록 기도합시다.

8. 하나님 말씀과의 만남

이제부터 저는 이 책에서 가장 실천적인 내용을 나누려고 합니다. 이 내용이 절대적인 것은 아닙니다. 다만 제가 25년 정도 말씀을 읽고 연구하고 전하면서 스스로 깨닫고 실천한 내용을 중심으로 '이렇게 해보니 변화가 있었습니다'라는 사례로 제시할 뿐입니다. 성령님께서 각자에게 맞도록 더 구체적이고 탁월한 방법을 알려주시리라 기대합니다.

1) 규칙적인 시간과 장소를 정하여 꾸준히 읽기

졸저 《기도를 시작하는 당신에게》에서 말씀드린 것처럼, 모든 영적인 활동에서 내용만큼 장소와 시간과 태도는 아주 중요합니다. 그러므로 기도 시간과 장소를 결정하고 고정하듯 말씀 앞에 서는 시간과 장소도 고정해두어야 합니다. 특히 처음 말씀 앞에 선다면 더욱 그러합니다. 수시로 '기도할게'라는 말만 입에 달고 사는 사람 대다수가 실은 기도하지 않는 사람이듯, 수시로 말씀을 읽는다고 하지만 말씀 앞에 제대로 서지 않는 경우가 허다합니다.

> 아침에 나로 하여금 주의 인자한 말씀을 듣게 하소서 내가 주를 의뢰함이니이다 내가 다닐 길을 알게 하소서… 시 143:8.

이른 새벽부터 일정이 많고 바빠서 이따금 저녁에 말씀을 읽는 때가 있는데, "아! 이 말씀을 아침에 읽었더라면" 하고 아쉬웠던 날이 많았습니다. 솔직히 말씀드리면, 지금 한국 교회 성도 중에서 90퍼센트 이상이 자기 삶에 지나치게 분주한 '마르다'와 같다고 생각합니다. 특히 목회자가 그렇습니다. 하나님 말씀 앞에 바르게 서려면 의지적으로 마리아처럼 하나님 말씀 앞에 멈추어 서야 합니다. 여백을 만들어야 합니다. 불필요한 취미나 오락거리를 줄이고 의미 없는 만남도 그만두어야 합니다. 그러면 인생을 무슨 즐거움으로 사느냐고 하는 분이 많습니다. 말씀 앞에 서는 시간이 가장 행복하지 않다면, 도대체 무엇이 참된 행복인지 저는 되묻고 싶습니다. 혹시 이 책을 읽는 신학생 중에 정말 능력 있는 말씀으로 충만한 인생을 살고 싶은 분이라면 오늘 스마트폰을 버리십시오. 그러면 10년 후에 저를 찾아와 머리가 땅에 닿도록 고맙다는 인사를 하게 될 것입니다(저 역시 스마트폰을 사용하지 않습니다).

시간 날 때 말씀 읽는 것이 아닙니다. 피를 투석하는 마음으로 하루에 정해진 시간과 장소를 지켜 말씀을 읽고 들어야 합니다. 하나님의 말씀은 반드시 투석해야 하는 피와 같은, 아니 그 이상의 생명입니다. 지금 잠시 책의 여백에 자신이 말씀 앞에 설 시간과 장소를 적어보십시오. 지나치게 바쁘다면 하나님께 그 시간을 달라고 기도하십시오. 단순히 성경 읽을 시간이 아니라, 자신이 살 수 있는 생명의 시간과 장소를 열어 달라고 기도하십시오. 그러면 다른 것은 몰라도 하나님께서 이것만은 반드시 열어주실 것입니다. 그러므로 무엇보다 하나님 말씀을 조용하게 만날 수 있는 시간과 장소를 정하십시오.

참고로, 저는 마치 식사를 하는 것처럼 하루 세 번 식사 시간에 말씀을 읽습니다. 실제로 식사는 하루에 두 끼를 먹습니다. 교회를 개척하고 나서 처음에는 재정적으로 어려워 아침을 먹지 못했으나, 이후에는 개인적인 영성을 위해 아침은 거의 금식을 합니다. 그러나 말씀은 늘 아침, 점심 그리고 저녁에 먹습니다. 이렇게 하루에 세 번 말씀을 먹는 훈련을 하면 삶이 매우 규칙적이고 거룩해집니다. 같은 본문을 아침, 점심, 저녁에 이어서 읽어도 좋고(가령, 마태복음 5장은 아침, 6장은 점심, 7장은 저녁에) 다른 본문을 섞어 읽어도 되며(아침에는 시편, 점심에는 구약, 저녁에는 신약 등으로) 또한 한 본문을 세 번 반복해서 읽어도 좋습니다 (시편 1편을 아침, 점심, 저녁에).

한번은 아주 이상하게 성경을 읽는 목사님을 만난 적이 있습니다. 이분은 1년 중 기간을 정해놓고 몰아서 성경을 다 읽고, 그다음에는 말씀을 읽지 않고 신학 서적만 읽는다고 했습니다. 그러니까 새해에 들어서면 1월부터 3월 정도까지 성경만 읽는다는 것입니다. 그렇게 성경 1독을 마치면 남은 한 해에는 다른 책을 읽는 것입니다. 물론 중간, 중간에 설교 준비를 위해 성경을 읽기도 하고 다양한 책을 읽다 보면 인용된 성경 구절을 접할 수도 있겠지요. 그러나 저는 그분의 태도가 염려되었습니다. 그 목사님은 정해진 기간에 성경을 집중적으로 읽는 것을 과시하면서도 그 기간에 다른 책을 읽지 못해 안달했습니다. 인생의 한 기간을 할애하여 집중적으로 말씀을 읽는 것은 귀하지만, 마치 숙제하듯이 어느 기간에만 성경을 읽고 나머지 기간에는 성경을 제외한 책을 읽는 일은, 마치 매일 꾸준히 먹어야 할 밥을 며칠에 걸쳐서 쑤셔 넣는 것처럼 위험한 태도라고 생각합니다. 제가 볼 때는 성경을 읽는 분량도 중요하지만 자기가 소화할 만큼을 꾸준히 규칙적으로 자주 먹는 것이 더 중요하다고 생각합니다.

2) 기도하며 말씀 읽기

하나님의 말씀과 기도로 거룩하여짐이라 딤전 4:5.

앞에서 언급했지만, 하나님의 말씀 앞에 바로 서려면 거룩해야 합니다. 우리가 하나님의 말씀을 바로 이해하지 못하고 또한 말씀으로 살아가지 못하는 것은 다른 무엇보다 우리가 거룩하지 않기 때문입니다. 이 책의 시작 부분에서 소개한 꿈 이야기에서처럼, 우리는 하나님의 말씀을 먹는 사람입니다. 그런데 더러운 손으로 먹으면 병에 걸리기 쉽습니다. 식사 전에 손을 씻어야 청결을 유지할 수 있듯이 우리의 영혼을 씻는 회개의 기도를 통해 성령님께서 지혜와 계시의 영을 주셔서 깨닫게 해주시길 겸손한 마음으로 구해야 합니다 엡 1:17. 이 회개는 단순히 범한 죄에 대한 회개만이 아니라 부정적인 감정과 내가 잘못 알고 있는 신학적이고 교리적인 태도까지 포함합니다. 충분히 회개한 후에 말씀을 읽어야 바르게 말씀 앞에 설 수 있습니다.

솔직히 말씀드려 기도와 말씀은 절대 분리될 수 없습니다. 기도의 시간을 말씀의 시간과 함께 가지면 좋겠습니다. 각자에게 가장 소중한 시간을 할애하길 바랍니다. 될 수 있으면, 하루를 시작하기 전에 기도와 말씀 시간을 고정해두길 바랍니다. 저는 보통 1시간 말씀 읽기 전에 1시간 기도합니다. 10분 읽기 전에 10분 기도합니다. 기도의 깊이와 말씀의 만남은 항상 정비례합니다.

또한 말씀을 읽는 중간에 하나님 말씀이 어렵거나 힘들면 잠시 무릎을 꿇고 기도하십시오. 제 서재에는 좋은 책들이 많고, 당연히 인터넷 검색도 바로 가능합니다. 그러나 서재에서 개인적으로 말씀을 읽거나 설교 준비를 하다가 어떤 부분에서 벽에 부딪히거나 이해가 되지 않을 때마다 주석을 참고하거나 인터넷을 뒤지기 전에 먼저 기도합니다. 성령님께 도움을 청하며 성령님의 지혜를 구합니다. 모든 성경이 하나님의 감동(떼오프뉴마토스, 즉 하나님의 영, 영감, 호흡)으로 되어 있기 때문입니다 딤후 3:16. 놀라운 사실은 그때마다 하나님께서 새로운 통찰력과 지혜와 겸손을 부어주십니다. 기도와 말씀은 참으로 기차가 다니는 두 레일과 같습니다. 기도 없이 말씀만 읽는 사람은 가짜이고, 말씀 없이 기도만 하는 사람도 위험합니다. 기도에 대한 부분은 제가 먼저 쓴 《기도를 시작하는 당신에게》를 참고하시길 바랍니다.

3) 말씀을 크게 읽으며 자신에게 들려주기

내가 이를 때까지 읽는 것과 권하는 것과 가르치는 것에 전념하라 딤전 4:13.

쉽게 말해 하나님 말씀을 크게 소리 내서 읽으라는 말입니다. 이것은 단순히 목소리를 멋지게 하고 남이 듣기 좋게 읽으라는 말이 아니라, 말씀을 읽을 때 나오는 소리를 마치 하나님이 나에게 말씀하시는 것을 듣는 태도로 성경을 만나보라는 것입니다.

별것 아닌 것 같지만, 실제로 해보면 놀라운 체험을 하게 됩니다. 성경 말씀에 새롭게 눈을 뜨게 될 것입니다. 특히 원어 성경이나 외국어 성경 혹은 직역에 가까운 번역들을 이런 식으로 소리 내서 읽어보면 하나님 말씀에서 내가 '듣지 못한' 것을 발견하게 됩니다. 실제로 하나님 말씀은 초기에는 대부분 낭독해서 함께 들었습니다. 성경은 처음부터 연구용이나 묵독용이 아니라, 철저히 소리를 내고 그 소리를 함께 듣도록 고안되었다는 말입니다.

여기서 히브리어 성경의 평행법이나 키아즘 구조Chiastic Parallelism(성경이 상호 대칭적인 구조로 이루어져 음악적인 특징을 띠고 암기할 수 있게끔 구성되어 있는 것) 및 신약 성경 언어의 의사소통

특징을 다 설명할 수는 없지만, 히브리어 성경은 사람들이 노래처럼 부르고 외우고 기억할 수 있는 구조로 기록되어 있으며, 신약 성경도 대다수 글이 일차적으로 공적 예배에서 낭독하고 함께 듣게 되어 있었습니다. 세분한 문장 구조 분석과 주해도 필요하지만, 근본적으로 하나님의 말씀이 우리에게 전달될 때, 들리는 형태로 되어 있다는 사실은 아주 중요합니다.

아마도 초대교회 시절에 바울이 편지로 써서 보낸 로마서나 갈라디아서 같은 성경도 전문 학자들이 몇 달에 걸쳐 원서 강독을 할 수준의 것이 아니라, 공 예배 시간에 다양한 나이와 학식을 가진 성도들에게 목소리 좋은 사역자나 지도자가 큰 소리로 몇 번 읽었을 것입니다. 바울도 그것을 의도했을 것은 분명합니다.

물론 그렇다고 성경을 꼼꼼하게 연구하지 말라는 것은 아닙니다. 저도 신구약 성경 전체를 한 구절, 한 구절 원어로 연구해 왔습니다. 그러나 일차적으로 성경은 소리 내서 읽히게 되어 있습니다. 그 분명한 사례가 디모데전서 4장 13절에 있습니다. 여기서 바울이 디모데에게 "전념하라"고 한 내용 중에는 '읽는 것'이 있는데요. 이 단어는 헬라어로 '아나그노시스'로서 '낭독'이라는 말입니다. 그러므로 초대교회에서는 예배 시간에 목회자가 성도를 위해 (바울의 편지를 비롯한) 하나님의 말씀을 크게 읽어 주었을 것입니다.

그러므로 공적 예배뿐만 아니라 개인적으로 성경을 읽는 시간에 큰 소리를 내어 읽어보십시오. 부모님은 자녀에게 성경을 크게 읽어주시고, 셀 모임에서도 돌아가며 크게 읽어보십시오. 이따금 시간이 없다면서 성경 봉독을 하지 않는 설교자가 있는데, 진짜 설교는 성경 봉독에서 시작됩니다. 정말 1년만 이렇게 해보면 하나님의 말씀이 들릴 것입니다. 혼자 읽기 힘들면 마음에 맞는 성도끼리 가족끼리 그리고 소중한 사람끼리 모여 돌아가며 읽으십시오. 확신하건대 분명히 귀한 은혜를 입게 될 것입니다. 이렇게 소리 내어 말씀을 읽다 보면 자연스럽게 암송이 되고 그렇게 암송한 말씀은 영혼 속에 박힌 음성이 되어 더 크게 들릴 것입니다. 자신의 목소리로 정성스럽게 읽은 것을 녹음해서 들어도 큰 도움이 됩니다. 암송이 잘 안 된다고 하시는 분도 자기 목소리로 성경을 크게 읽고 녹음한 후에 수시로 들으면 큰 효과를 볼 수 있습니다.

다만 목소리나 성대를 오래 사용하는 데 곤란함을 느낀다면 소리 내어 읽은 성경, 혹은 듣는 성경을 구해 들어보십시오. 듣는 성경 전용 전자기기도 많고, 최근 출시된 '드라마 바이블' 같은 스마트폰용 앱도 훌륭합니다(게다가 무료입니다). 로마서 10장 17절 말씀처럼 믿음은 들음에서 나며, 우리가 들어야 할 말씀은 그리스도의 말씀, 곧 성경 말씀인 것을 확신합니다.

4) 말씀을 이해하기 위해 수고하기

우리 중에 이루어진 사실에 대하여 처음부터 목격자와 말씀의
일꾼 된 자들이 전하여 준 그대로 내력을 저술하려고 붓을 든
사람이 많은지라. 그 모든 일을 근원부터 자세히 미루어 살핀
나도 … 눅 1:1~3.

하나님 말씀은 진공 상태에서 기록되고 전달된 것이 아닙
니다. 그 말씀이 담기던 시대와 역사와 문화가 분명 존재합니다.
우리는 바로 그 삶의 정황을 이해해야 합니다. 무조건 지금 우리
가 처한 역사와 문화와 문학적 표현으로 그 시대를 이해하고 적
용해버리면 큰 실수를 하게 됩니다. 신약성경만 해도 약 2천 년
전에 1세기 중동의 문화에서 나온 내용인데 무조건 16세기의 눈
으로 본 해석이나, 지금 내 현실로 대입해서 이해해서도 안 됩니
다. 성경을 바르게 이해하려면 기본적으로 사전과 지도의 도움
이 꼭 필요합니다. 좋은 스터디 바이블도 있고 성경 프로그램도
있습니다. 이 부분은 책 끝에 부록으로 담아 두었습니다.

여기서 중요한 것은 성경을 읽을 때, '수고하라'는 것입니
다. 힘들게 성경을 읽으라는 말입니다. 모르는 말이 나오면 사전
을 찾고, 모르는 지명이 나오면 지도를 열어보십시오. 그냥 누가

말했다고 또 교리로 배워 알고 있다고, 목사님이 설교 시간에 말했다고 그대로 받아들이지 말고 베뢰아 사람처럼 상고, 곧 검증해 보아야 합니다 . 물론 연구한다고 바로 완벽하게 이해되지는 않을 것입니다.

짧지 않은 기간, 목회하면서 성도들이 하나님 말씀을 참으로 귀찮아하는 것을 자주 보았습니다. 사실 목회자나 신학생부터도 그렇습니다. 가령 세미나 한 번으로 성경을 '정복'하거나, 교리 문답이나 주석 한 권으로 성경을 다 이해했으면 좋겠다고 생각합니다. 이 기저에는 우리의 게으름과 조급함이 숨어 있습니다. 성경은 그렇게 쉬운 책이 아닙니다. 수천 년의 역사와 문화, 문학 표현들이 깊고 세밀하게 담겨 있습니다. 다른 것으로 목사님을 힘들게 하지 말고 말씀을 더 깊이 배우려 하는 일로 귀찮게 하십시오. 좋은 목회자만 좋은 성도를 만드는 것이 아닙니다. 좋은 성도도 좋은 목회자를 만듭니다.

단순히 단어 뜻만 아니라 문맥에 담긴 의미를 찾아야 합니다. 평행적으로 표현된 동일한 의미를 연결하고 비유적으로 묘사된 의미를 찾아야 합니다. 아울러 성경 말씀은 분명히 전달하려는 내용 흐름이 있습니다. 모든 것을 다 말하지 않고 핵심 내용을 선택하고 드러내려는 특징이 있습니다. 사진으로 말하면 한 장의 사진에서 어떤 부분은 선명하고 어떤 부분은 흐린데, 선명한 부분을 강조하려는 의도로 그렇게 한 것입니다. 우리도 말씀을 읽을 때, 하나님께서 선명하게 보라고 하시는 부분에 집중해야 합니다. 예수님께서 땅에 쓰신 글씨나 요 8:8, 변화산에서 베드로가 집을 짓자고 한 말은 전체 흐름에서 그리 중요한 것이 아닙니다 마 17:4, 막 9:5, 눅 9:33. 하나님은 그 부분을 일부러 흐리게 하셨습니다(성경에서 '어떤, 어느, 아무개' 식으로 표현한 것도 마찬가지입니다). 그러나 하나님께서 분명하게 드러내신 부분들이 있습니다. 거기를 주목하고 깊게 묵상하고 또한 연구하고 적용해야 합니다.

그 과정에서 이미 수고한 석학들의 책을 참고하십시오. 특정한 신학자나 특정 주석을 맹신하지 마시고 기도하고 열린 마음으로 다양한 학자의 의견도 배우십시오. 어려운 본문이라고 넘어가지 말고 성령님께 지혜를 구하며 천천히 읽어보십시오. 다시 한번 강조하지만, 그저 쉽게 쉽게 성경을 이해하고 넘어가려고 하지 말라는 것입니다. 제가 깨달은 진실 중 하나가 어려운 본문에 더 귀한 내용이 담겨 있다는 것이고, 수고해서 배운 말씀이 자신에게 진정 진리가 된다는 것입니다. 특히 목회자들에게 부탁하고 싶은 것은 주제 설교보다는 성경 전체를 꾸준히 그 흐름에 따라 성경 각 권을 연속적으로 강해해 나가셨으면 합니다. 그러면서도 본문마다 하나의 핵심 주제를 잡아 중심 내용

하나를 집약적으로 전달하며 구체적으로 적용해야 합니다. 제가 개척한 후 공예배 시간을 통해 성경 각 권을 꾸준히 설교해보니, 10년 만에 성경 전체를 설교할 수 있었습니다. 그런데 어떤 성도는 한 교회를 수십 년 넘게 다니는데도 어떤 성경에 대해서는 설교로도 듣지 못하는 일이 다반사입니다. 그래서 이단에 넘어가는 것입니다. 아가서도 요한계시록도 선지서도 역대기도 모두 깊게 읽고 철저히 연구하여 세상 것은 잘 몰라도 하나님의 말씀만은 깊게 알고 넓게 사는 귀한 하나님의 사람, 말씀의 사람이 되기를 바랍니다.

5) 깨달은 말씀 기록하기

> 그가 왕 위에 오르거든 이 율법서의 등사본을 레위 사람 제사장 앞에서 책에 기록하여 평생에 자기 옆에 두고 읽어 그의 하나님 여호와 경외하기를 배우며 이 율법의 모든 말과 이 규례를 지켜 행할 것이라 신 17:18~19.

탁월하게 말씀을 만나는 다른 방법에는 성경을 필사하는 것이 있습니다. 또한 그대로 적는 것보다 내가 깨달은 것을 정리하면 더 좋습니다. 나아가 할 수만 있다면 성경 번역도 해보십시오.

성경에서 깨달은 말씀을 자신이 이해한 표현으로 다시 써보는 것입니다. 여기엔 엄청난 유익이 있습니다. 물론 이것으로 성경을 대체하라는 것은 아닙니다. 그러나 분명히 영혼 속으로 말씀이 더 깊게 들어올 것입니다. 이렇게 해보면 자신이 말씀을 어떻게 이해했는지 명확하게 드러납니다. 성경을 기록하고 번역한 것을 신뢰하는 영적 지도자에게 가져가 점검을 받으면 더 좋습니다.

참고로 몇 해 전에 제 아이들이 고린도전서 16장 1~12절을 읽고 연구한 후에 자기가 이해한 언어로 재진술한 번역을 나눕니다.● 제가 이것을 공개하는 이유는 이렇게 아이들도 할 수 있으니 하려고만 한다면 누구나 가능하다는 말입니다.

"고린도 교회 사람 여러분, 구제 헌금을 모아 놔주세요. 내가 올 때, 허겁지겁 준비하지 마시고 매주 주일 조금씩 모아 주세요. 이 귀중한 헌금은 가난한 예루살렘 교회 사람들을 위한 것입니다. 고린도 교회 성도 여러분, 여러분을 방문하게 되면 겨울까지는 여러분과 보낼 것 같습니다. 하지만 지금은 에베소에서 오순절까지는 있겠습니다. 에베소에는 지금 좋은 기회가 열렸으

● 이 내용은 제 블로그에도 있습니다.
https://blog.naver.com/mt941802/221258298150

나 반대하는 자가 많기 때문입니다. 여러분 디모데를 잘 봐주십시오. 여러분이 바라던 아볼로는 '지금은 때가 아니라'고 하며 안 가려고 하지만 기회가 되면 갈 것입니다." 13살, 강다소

"고린도 교회 여러분, 헌금을 조금씩이라도 모아 주세요. 예루살렘 교회가 지금 힘듭니다. 갈라디아 교회들이 그러듯이 좀 배려해 주세요. 그리고 지금 이제 고린도 여러분께 가려고 합니다. 하지만 그전에 마게도냐 지방을 들렀다가 가려고 합니다. 그리고 저도 여러분과 시간을 보내고 싶지만 현재 에베소에서 너무 좋은 기회가 열렸기 때문에 오순절까지만 있으려고 합니다. 그리고 아볼로 대신 디모데를 보내려고 합니다. 조금 소심해도 무시하지 말아 주십시오. 그도 주님의 사역자입니다. 저도 압니다. 여러분이 아볼로를 원한다는 걸. 하지만 여러 번 설득했지만 그는 갈 생각이 없습니다. 그도 기회가 되면 갈 것입니다." 12살, 강건

누군가가 말한 것처럼 선명한 기억보다 희미한 기록이 더 오래갑니다. 저는 개인적으로 전도사 시절부터 노트용 성경, 메모용 성경을 활용해 왔습니다. 더 이상 적을 공간이 없고 낡아서 보관 중인 노트 성경이 10권 정도입니다. 필요할 때마다 그 성경

책을 펼쳐보면 반성과 함께 자극이 됩니다. 과거 부족했던 이해에 더 빛을 비춰주시고 깨닫게 하신 것에 감사하는 마음이 커집니다. 저에게는 신앙의 큰 유산입니다.

"너희는 나의 이 말을 너희의 마음과 뜻에 두고 또 그것을 너희의 손목에 매어 기호를 삼고 너희 미간에 붙여 표를 삼으며 … 네 집 문설주와 바깥문에 기록하라"신 11:18~20. 이 말씀처럼 오늘 읽은 말씀에서 핵심적인 내용을 짧고 선명하게 정리해 기록하고, 그것을 휴대전화로 찍어 짬짬이 읽어보시고 포스트잇에 적어 책상 앞에 두면 계속 묵상하게 되어, 살면서 큰 힘이 될 것입니다.

6) 도전이 된 말씀 적용하기

너희는 이 세대를 본받지 말고 오직 마음을 새롭게 함으로 변화를 받아 하나님의 선하시고 기뻐하시고 온전하신 뜻이 무엇인지 분별하도록 하라 롬 12:2.

6장에서 말씀드린 것처럼, 말씀을 읽고 이해하는 것으로 만족해서는 안 됩니다. 그것이 내 삶이 되게 해야 합니다. 그렇게 하려면 우리 감정, 지성 그리고 의지가 변화되도록 말씀을 적용해야 합니다. 적용 없는 설교도 많고, 성도들 역시 적용을 힘들어하기에 제 방법을 소개해봅니다.

저는 매일 읽은 말씀을 정리하면서 하나님께 이렇게 기도합니다. "하나님, 오늘 제가 들은 말씀에 자신을 비추었을 때, 제가 바꿔야 할 감정의 영역과 지성의 영역과 의지의 영역은 무엇인지 말씀해주십시오." 우리가 품고 있는 잘못된 감정이 있으며, 잘못 알고 있는 지식이 있으며, 의지적으로 올바르게 살아가지 못하는 삶의 방식이 있습니다. 바로 그것을 말씀이라는 거울에 비추어 고쳐야 합니다.

여기서 중요한 것은 이 적용이 '구체적'이어야 한다는 것입니다. 설교나 하나님의 말씀을 들은 후에 단순히 '열심히 살자' 혹은 '거룩하게 살자'라고 하면 대부분 그렇게 살지 못합니다. 뭘 어떻게 하겠다는 것인지 구체적으로 적용해야 합니다. 열심히 살겠다면 몇 시에 기상해서 그날에 어떤 일을 어떻게 하겠다고 구체적으로 적용하고, 거룩하게 살겠다면 몇 시부터 몇 시까지 인터넷을 절제하고 이런저런 곳에는 가지 않겠다는 구체적인 내용으로 적용해야 합니다. 얼마 전에 제자 한 명은 매우 구체적으로 말씀을 적용해서 텔레비전 전원 선을 가위로 잘라버렸다는 이야기를 들었습니다. 그런 식이어야 우리의 삶은 뒤로 물러가지 않고 조금씩 변화됩니다.

7) 적용한 말씀 나누기

그러므로 너희 죄를 서로 고백하며 병이 낫기를 위하여 서로 기
도하라 의인의 간구는 역사하는 힘이 큼이니라 약 5:16.

하나님 말씀은 개인적일 뿐 아니라 근본적으로 공동체적입
니다. 말씀은 개인에게만 주어진 것이 아니라 공동체를 향하여
주어졌고 또한 그 말씀의 영향력이 내면의 변화뿐 아니라 공동
체의 변화를 목적으로 합니다. 그러므로 말씀을 읽고 구체적으
로 적용한 내용을 공동체에서 나누십시오. 이런 이유로 저는 성
도들이 이 교회 저 교회를 떠돌아다니거나 집에서 유튜브로 신
앙생활하는 것을 경계합니다. 물론 그럴 만한 이유와 아픔이 있
겠지만 그것은 건강한 신앙생활이 아닙니다. 완벽한 교회는 없
습니다. 자신이 속한 공동체가 아름다운 공동체가 되도록 한 알
의 밀알이 되어야 합니다.

말씀은 공동체에서 빛이 납니다. 영적 지도자들이 맡겨진
공동체에서 강의하거나 설교하면서 자신에게 주어진 하나님의
말씀을 더 깊게 하고 풍성하게 하는 것처럼, 적용한 말씀을 공동
체에서 고백하고 나누면서 더 의미 있고 실천 가능한 적용을 하
게 되며, 그 적용이 실제로 이루어질 수 있도록 공동체가 기도해

주고 섬기며 도와줍니다. 저는 이 과정을 매우 강조하여 예배를 마치면 꼭 셀에서 이 부분을 나누도록 하고, 그렇게 셀에서 나눈 적용 내용을 셀 리더를 통해 담임목사에게 정리해 제출하게 합니다. 그것을 보면서 모든 성도가 말씀을 깨닫고 도전을 받아, 마귀의 유혹이나 시험으로 빼앗기지 않고 실천하여 열매 맺도록 성령님께 도움을 구하는 중보기도를 합니다.

하나님 말씀을 나눌 공동체가 없다면 만들어보시고, 도저히 그럴 수가 없다면 담당 목사님에게 "목사님, 제가 이번에 말씀을 읽으며 이런 것을 깨달았고 이렇게 살고자 기도합니다. 목사님도 기도해주십시오"라고 문자를 보내십시오. 목회자라면 그 문자를 받고 무엇보다 마음을 다해 기도하고 구체적으로 도움을 줄 것입니다. 한국의 모든 성도가 그렇게 적용된 말씀을 나누어서 철이 철을 날카롭게 하듯이 참 27:17 성장하기를 바랍니다.

8) 적용된 말씀 전하기

너는 말씀을 전파하라 때를 얻든지 못 얻든지 항상 힘쓰라 딤후 4:2.

하나님의 말씀을 전하십시오. 혼자 하기 힘들면 함께 하십시오(예수님도 두 사람씩 보내셨습니다). 꼭 전도지를 들고 나가서 전도하는 것만 말하는 것이 아닙니다. 나의 언행심사로 하나님 말씀을 세상에 빛처럼 비춰주십시오. 예수님은 "이같이 너희 빛이 사람 앞에 비치게 하여 그들로 너희 착한 행실을 보고 하늘에 계신 너희 아버지께 영광을 돌리게 하라"^{마 5:16}고 하셨습니다. 정말 "먹든지 마시든지 무엇을 하든지 다 하나님의 영광을 위하여"^{고전 10:31} 하기를 바랍니다.

삶의 작은 자리부터 하나님의 말씀대로 사십시오. 내 감정, 지식 그리고 내가 아는 상식이 아니라 하나님의 말씀대로 사십시오. 부모님은 아이들에게 공부만 하라고 하지 마시고 정기적으로 말씀을 함께 읽고 질문하고 또 가르쳐주십시오. 작은 모임을 만들어 성경공부도 하고, 특히 하나님을 믿지 않는 사람들에게 삶으로 하나님의 말씀을 보여주십시오. 항상 하나님께서 우리를 보고 계심을 기억하고 우리의 모든 것이 마지막 날 심판받는 것을 잊지 마십시오. 내가 복음을 받아들인 것도 누군가가 전했기 때문입니다. 나도 그 빚진 말씀을 전해야 할 사명이 있습니다.

늘 복음 전할 준비를 하십시오. 갑작스럽게 죽음이 임박한 가족뿐만 아니라 낙망과 좌절에 빠진 동료에게 늘 깨어 복음을 전할 준비를 하십시오. 실제로 많은 성도가 가족과 이웃에게 말씀을 전할 수 있는 절체절명의 기회 앞에서 우물쭈물하고 부끄러워하는 것을 보면 마음이 아픕니다. 하나님의 말씀을 부끄러워한다면 마지막 날에 하나님도 우리를 부끄러워하시리라는 진중한 말씀을 기억하십시오 ^{막 8:38, 눅 9:26}. 말씀 한번 전한다고 저 사람이 교회에 나오겠느냐고 하지 말고 하나님께서 나에게 하라고 하시는 것만 순종하십시오. 나머지는 하나님의 손에 달려 있습니다. 오직 디모데후서 4장 2절의 말씀처럼 때를 얻든지 못 얻든지 말씀을 전하십시오. 복음을 전하는 자만이 살아있는 영성으로 승리하게 될 것입니다.

9) 말씀에 목숨을 걸어 섬기기

너는 진리의 말씀을 옳게 분별하며 부끄러울 것이 없는 일꾼으로 인정된 자로 자신을 하나님 앞에 드리기를 힘쓰라 딤후 2:15.

마지막으로 말씀을 전하는 분들에게 부탁합니다. 목회의 성공은 말씀의 성공입니다. 학위를 따려 하거나 사업을 하려 하지 말고 말씀에 목숨을 걸어 말씀을 말씀답게 전하시고 말씀대로 사셔서 한 영혼을 구원하시길 부탁합니다. 그 첫 번째 한 영혼이 자신입니다. 먼저 자신에게 부끄럽지 않게 말씀 앞에 서십시오. 남의 설교 베끼지 말고 대충 설교 준비하지 말고 내가 이해도 못하고 살지도 않는 것을 전하지 말고, 말씀이 삶이 되고 삶이 말씀이 되도록 주님 앞에 몸부림치시길 도전합니다. 토요일 밤에 설교 준비하지 말고 월요일부터 꾸준히 말씀을 읽고 연구하고 기도하여 위대한 설교를 하십시오. 하나님의 말씀을 전하는 고귀한 사명을 우습게 여기지 말고 단 한 사람에게라도 마지막이라는 태도로 생명을 전해주십시오. 신학생이든 목회자든 말씀을 담당하는 사람이라면 제발 다른 것에 마음 흔들리지 말고, 오직 기도와 말씀에 전념하십시오 행 6:4, 딤전 4:13.

아울러 성도들께 부탁합니다. 자신이 몸담은 신앙 공동체에서 말씀을 담당하는 사역자를 중보 기도해주십시오. 말씀을 전하는 사역은 참으로 고독하고 위험하며 두려운 자리입니다. 마귀의 공격에 늘 노출된 어려운 자리입니다. 마귀가 만약 교회의 한 부분만 공격하려 한다면 그곳은 당연히 강단일 것입니다. 그러므로 말씀을 전하는 주의 종들을 존경하고 그들을 위해 간절히 기도해주십시오. 목사도 살과 피를 가진 사람입니다. 그들과 분쟁하면 목회자의 입을 통해 나오는 말씀으로 은혜받기 어렵습니다. 오직 그들이 하나님의 말씀을 잘 전할 수 있도록 재정적인 부분을 신경 쓰고 책도 사주며 무엇보다 거룩하게 살도록 중보해주십시오. 교회에 중보 기도팀이 없다면 지금이라도 기도팀을 만드시고 우리가 듣고 싶은 말이 아니라 우리가 마땅히 들어야 할 말씀을 전하도록 기도하십시오. (부족한 종이 설교하기 전마다 항상 모여 한 시간씩 기도하는 십자가교회 중보 기도팀에 진심으로 감사를 전합니다.)

아주 효과적인 방법을 제가 알려 드리겠습니다. 이따금 토요일에 이렇게 응원 문자를 보내보십시오. "목사님! 목사님께서 준비하신 내일 설교가 너무 기대됩니다!" 그러면 다른 이의 설교를 베끼려고 인터넷을 돌아다니던 목사도 정신을 차리고 기도할 것이고 탁구장에 있던 목사도 교회로 돌아가 성경을 펼칠 것입니다. 목회자가 바로 서면 그 혜택은 온 교회가 받습니다. "잘 다스리는 장로들은 배나 존경할 자로 알되 말씀과 가르침에 수고하는 이들에게는 더욱 그리할 것이니라"딤전 5:17고 하신 말씀을 기억하십시오.

제대로 만나면 달라집니다

사랑이 곧 변화입니다

저는 19년 전에 아내를 처음 만났고 결혼해서 17년을 함께 살았습니다. 아내는 제 인생에 보석 같은 사람입니다. 저는 혈기 많고 경쟁심 강하며 낮은 자존감으로 살았던 사람입니다. 하지만 아내는 부드럽고 따뜻하며 남을 배려하고 섬기길 기뻐하는 사람입니다. 짧지 않은 세월 가난하고 부족하고 어려웠음에도 아내는 흔들림 없이 저를 인격적으로 대했습니다. 나이는 동갑이지만, 삶으로 저에게 감동과 도전을 준 사람입니다. 저는 17년간 아내의 언행심사에 많은 영향을 받았고 제 삶도 조금씩 변화되었습니다. 요즈음 어디 가서 밥을 먹거나 차를 마실 때 사람들이 '혹시 목사님이신가요?'라고 묻기도 합니다. 그럴 때마다 고맙고 감사한 생각이 듭니다. 이 모두가 아내가 저를 사랑으로 대했기 때문입니다.

나아가 하나님의 말씀이 저에게는 아내와 같은 역할을, 아니 그보다 훨씬 위대한 일을 했습니다. 하나님은 우리를 너무나 사랑하십니다. 그래서 우리와 만나길 원하십니다. 하지만 그분을 직접 만나면 거룩하지 않은 우리는 죽을지도 모릅니다. 그래서 하나님은 그분의 인격을 담은 말씀을 우리에게 주셨습니다. 바로 그분의 사랑으로 주신 것이 하나님의 말씀입니다. 그러므로 우리도 그분과, 특히 그분의 말씀과 만나야 합니다. 우리가 하나님과 인격적인 말씀으로 제대로 만난다면 진정한 변화가 일어납니다. 생각에도, 말에도 변화가 일어나고 삶의 방식도 달라집니다. 하나님 말씀이 살아있는 인격적 존재이기에 그 말씀은 우리에게 수동적으로 읽히는 것으로 그치지 않고, 우리 삶에 능동적으로 적혀지길 도전하십니다. 하나님의 말씀은 존재적으로도, 목적적으로도 그러합니다. 그 참된 인격적 존재인 하나님의 말씀을 만나면 우리도 그렇게 인격적인 존재가 됩니다.

지금까지 온 힘을 다해 말씀 사랑의 원리를 전했습니다. 교회 성도들, 그리고 이 책을 읽을 독자 한 분 한 분을 생각하며 제 고백과 기대를 담았습니다. 한 줄이라도 하나님께서 감동을 주시고 도전하시는 부분이 있다면 반드시 삶으로 옮기셔서 열매가 맺히기를 바랍니다.

누가복음 24장에서 엠마오로 가는 제자들처럼, 우리 대부분은 세상에서 낙망과 좌절의 길을 가고 있습니다. 하지만 바로 그때 주님께서 오셔서 모세와 선지자의 글로 시작하여 모든 성경을 열어 주님에 관한 인격적인 내용을 전달해주신다면, 가던 길을 멈추고, 인격적인 만남을 나누는 중에 눈이 밝아지며, 하나님의 말씀으로 마음이 뜨거워져서 마땅히 가야 할 사명의 길로 돌아가는 귀한 역사가 우리에게도 일어날 줄 믿습니다.

오늘도 우리를 사랑하시는 주님께서 말씀으로 우리를 찾아오십니다. 그리고 그 말씀으로 변화되길 기대하십니다. 내가 변화되면 모든 것이 변화됩니다. 내가 변화되어야 모든 것을 변화시킬 수 있습니다. 우리가 말씀으로 찾아오시는 하나님의 사랑을 맛본다면 다른 길로 가지 않을 것입니다. 그 사랑이 나를 바꿉니다. 무엇을 사랑하느냐에 모든 것이 달려 있습니다. 주님 다시 오실 때까지 그 말씀을 사랑하시길, 그 귀하고 아름다운 하나님 말씀 앞에 바로 서시길 간절히 소망합니다.

말씀을 바르게 읽기 위한
성경과 도구

성경 번역본과 해석에 대하여

솔직히 저는 그리스도인들이 '성경에 관련된 책'보다는 '성경 자체'를 읽도록 권합니다. 물론 성경을 이해하는 데 언어적이고 문화적인 배경 이해나 신학적이고 해석학적인 공부가 필요한 것은 사실입니다. 그러나 오늘날 한국의 강단이나 성도들은 성경 본문 자체를 읽으면서 그 메시지를 그대로 들으려 하기보다는 성경에 관련된 체계나 정보에 너무 치우쳐 있어 이미 각인된 교리적이고 철학적인 틀로 성경을 이해하려 한다는 느낌을 지울

수 없습니다. 이런 식으로 계속 성경을 대한다면 성경이 말씀하는 것이 아니라 성경을 '고문'해서 내가 원하는 답을 얻는 꼴이 될 것입니다.

그래서 무엇보다 하나님 말씀 자체를 읽어야 합니다. 그렇다면 어떤 성경을 읽는 것이 좋을까요? 이 질문은 대답하기가 쉽지 않습니다. 물론 신학생들이 이 질문을 해왔다면 저는 기본적으로 히브리어나 아람어 그리고 헬라어를 중급 정도 공부한 후 원문으로 성경을 읽는 것을 추천합니다. 그러나 모든 성도가 그렇게 할 수는 없고, 원어로 읽는다고 해서 무조건 성경을 정확하게 이해하는 것도 아닙니다. 성경을 바르게 읽는 것은 단순한 읽기의 문제가 아니라 해석의 문제이기 때문입니다. 그래서 될 수 있는 대로 다양한 번역본을 읽을 것을 권합니다. 일단 성경 번역 및 번역본에 관한 기본 이해가 있으면 더 좋겠지요.

성경 해석본과 관련된 스펙트럼을 쉽게 설명해보겠습니다. 한문으로 '一石二鳥'(일석이조)라는 말이 있습니다. 처음에 이 네 글자는 무슨 뜻으로 읽힙니까? 한자를 전혀 모르면 먼저 한자 공부부터 해야 합니다(원어 공부처럼). 그다음으로 한자의 뜻을 알면 두 가지 방향으로 해석이 가능합니다. 첫 번째는 '문자역'입니다. 문자의 뜻을 그대로 축자적으로 번역하는 것입니다. '一石二鳥'를 번역하면 '돌 하나, 새 두 마리'입니다. 언어의 순서

(어순)까지 정확하게 옮기면 '하나 돌 둘 새'라고 번역됩니다. 조금 과장되긴 하지만 이것이 원어 성경이나 직역 성경을 보는 느낌입니다.

하지만 무엇인가 잘 와닿지 않지요? 그래서 '의미역'이 필요합니다. 문자적 의미를 확장시켜 다시 한번 一石二鳥를 해석하면, 흔히 우리가 알고 있는 '돌 하나로 새 두 마리를 맞추다'라는 뜻이 됩니다. 그러나 이 의미도 어렵게 느끼는 사람이 있습니다. 돌 하나로 새 두 마리를 맞추는 것을 '동물학대'로 이해하는 사람도 있기 때문입니다. 그래서 이 의미를 더 확장시키면 '적은 노력으로 큰 결과를 얻었다'라고 할 수 있습니다.

그래서 성경 번역본은 맨 오른쪽에 문자의 외면적 의미와 어순까지를 완전히 맞춘 '직역'(문자역)이 있고, 맨 왼쪽에는 완전히 의미만을 뽑아내서 현대적인 적용까지 가미한 '의역'(의미역)이 있습니다. 그리고 그 중간에 조금 더 직역에 가까운 의역과 의미역에 가까운 직역이 자리를 잡습니다. 모든 성경 번역은 이렇게 한쪽 끝에 있는 문자역과 또 다른 쪽 끝에 있는 의미역 사이에서 다양한 스펙트럼으로 존재합니다. 다만 실제로는 한 번역본이 철저하게 직역이나 의역만 하기보다는 전체적으로 직역을 하면서도 부분적으로는 의역을 하기도 하고, 전체적으로 의역을 하면서도 어떤 단어나 표현은 직역 표현을 고수하는 사레도 있습니다.

　그러면 직역과 의역 중에 무엇이 더 좋은 번역일까요? 저는 두 가지 방향이 모두 필요하다고 봅니다. 한글 성경으로 예를 들자면, 우리가 일반적으로 보는 〈개역개정 4판〉이 문자적 직역으로 가장 오른쪽에 있으며 최근에 한글 완역된 유진 피터슨의 개인 번역본 《메시지성경》(복있는사람)이 의미 중심으로 옮긴 의역으로 가장 왼쪽에 해당합니다. 그리고 그 중간에 다양한 번역본이 있습니다. 예를 들어, 허성갑 선생의 직역성경이나 최의원 박사의 번역은 직역에 가깝고 《우리말성경》이나 《새번역》 성경은 문자역을 기본으로 하면서도 부분적으로 의역 쪽으로 조금 더 나아갑니다. 《표준새번역》이나 《공동번역》 성경도 문자역을 기본으로 하면서 부분적으로 의미역을 차용합니다. 그러므로 어떤 번역본이 다른 번역본보다 더 직역이나 의역이냐를 정확하게 말할 수는 없습니다. 한 방향이 성경 모든 구절에 천편일률적으로 적용되기보다는 문장마다 좀 더 융통성 있게 이루어지기 때문입니다. 제가 지금까지 100여 개의 번역본을 읽어본 바로는 아주 직역적인 흐름을 가진 번역본임에도 어떤 문장에서는 의역이 나오기도 하고, 아주 의역적인 흐름을 가진 번역본임에도 어떤 문장은 직역에 가깝게 옮긴 것을 여러 번 보았기 때문입니다.

　그러므로 '가장 좋은' 번역본이라는 표현은 위험하다고 생각합니다. 더 나아가 어떤 번역본을 유일한 성경이라고 주장하면서 다른 번역본을 무시하는 것은 매우 교만하고 독단적인 태도입니다. 동시에 새로운 번역본에 담긴 조금씩 아쉬운 표현을 대상으로 이단이라고 시비를 거는 사람도 마찬가지입니다. 자기가 아는, 또한 어디서 들은 몇 단어와 문장으로 성급하게 판단하지 말고 조금 더 겸손하고 관용적인 태도로 그들의 수고를 이해해주는 것이 필요합니다.

　반면 실제로 이단에서 자체적으로 쓰는 성경처럼 '의도적인' 왜곡이 있고 번역자들의 실력 부족이나 오해로 아쉽게 번역된 경우도 있습니다. 비슷해 보이지만 이 둘 사이의 엄청난 차이를 분별해야 합니다. 솔직히 한국 교회에서 거의 정경처럼 사용되는 〈개역개정 4판〉에도 상당한 오류와 해석적인 실수가 있습니다. 우리는 번역본을 읽는 것이지 성경의 원본을 읽는 것은 아님을 늘 인정해야 합니다. 아시다시피 성경의 원본은 지금 없습니다. 히브리어 성경도 헬라어 성경도 엄격하게 말해 필사본이고 번역본이며 편집본일 뿐입니다. 우리는 정말 겸손해져야 하며 또 열린 마음으로 배우는 수고를 해야 합니다. 그래서 많은 번역본을 읽어보길 제안합니다.

　여기서는 이 책을 읽는 주 대상을 평신도와 신학생 정도로 보고 한글과 영어 번역본 정도에서만 제안해보겠습니다. 아울러 성경 관련하여 도움을 줄 자료나 프로그램도 소개하겠습니다.

1. 성경 추천

일단 구약 히브리어 성경으로는 BHS *Biblia hebraica Stuttgartensia* 성경이 있습니다. 한국 독자를 위해 최근에 대한성서공회에서 그 서문을 우리말로 번역하고 친절하게 본문 비평장치와 라틴어 약자들을 꼼꼼하게 번역 정리했습니다. 아울러 신약 헬라어 성경은 미국에서 출간되는 UBS 5판과 독일에서 출간된 NA 28판이 있는데, 독일에서 나온 NA 28판, 즉 네스틀레 알란트 그리스어 신약성서에 대해서도 대한성서공회에서 최근에 서론을 우리말로 번역하고 본문 비평장치와 라틴어 약자들을 잘 정리했습니다.

이제 사전도 좋은 것들이 우리말로 많이 번역되었습니다. 히브리어에는 《게제니우스 히브리어 아람어 사전》이 있고 헬라어는 《바우어 헬라어 사전》, 《신약성서 그리스어 사전》 등이 좋습니다. 만약 원어성경을 온라인으로 읽고 싶으신 분이 있으면 인터넷에서 무료로 히브리어 성경과 헬라어 성경 그리고 70인역 성경까지 다 읽을 수 있는 사이트가 여러 곳 있습니다.• 또한

• www.academic-bible.com/en/online-bibles/greek-new-testament-ubs5/read-the-bible-text.

원어 공부를 하고 싶다면 시중에 좋은 교재가 상당히 많이 출간 및 번역되었으며 강의를 듣고 싶은 분은 비블리카 아카데미아 (www.biblica.net) 강의가 가장 추천할 만합니다. 어느 정도 기본 문법을 알고 있으면 원문 성경을 읽는 데 도움이 될 성경 프로그램도 많이 있습니다. 프로그램은 마지막에 소개하겠습니다.

오랫동안 한국에서 이미 인정받은 좋은 번역본이 있습니다. 번역 오류가 조금 있지만 아직도 그 표현이 아름다운《한글개역개정성경》및《표준새번역》,《공동번역》,《현대인의 성경》,《바른성경》,《우리말성경》,《쉬운말성경》등이 있고 혹시라도 마음을 좀 넓혀서 읽을 수 있다면, 가톨릭에서 출간한 번역본도 도움이 됩니다(개인적으로는 이기락 신부님의 번역이 참 좋습니다). 또 시간 순서대로 재구성한《연대기성경》은 성경의 연대적 순서에 맞게 성경을 재배치하여 한번 읽어볼 만하며, 여러 가지 성경을 대조해서 만든《29개 번역 신약성서》(기독교문화협회) 같은 성경도 있습니다(지금 구하기는 쉽지 않습니다).

단권으로 된 성경을 보겠습니다. 이환진 교수가 번역한《이사야서》는 철저한 문자역에 히브리어의 시적 운율까지 잘 살려 번역했고, 정중호 교수는《욥기, 전도서, 시편》을 계명대학교 출판부를 통해 번역 출간했습니다. 영어가 가능하다면 미국에서 출간되는 좋은 주석에 저자의 개인 번역이 들어 있어 참고

할 수 있고(예를 들어 NIGTC 고린도후서를 쓴 Murray J. Harris의 주석 뒤에 저자의 개인 번역이 943~962면에 걸쳐 수록됨), 한국의 탁월한 교수들이 최근에 출간하는 주석에는 개인 번역을 싣는 경우가 많아 도움이 됩니다(예를 들어 박윤만 교수는 《마가복음 주석》(킹덤북스)에서 개인적으로 번역한 본문을 삽입함). 부족하나마 저도 개인 번역본으로 출간한 《이사야서 풀어쓴 성경》(헤르몬)이 있고 개인 블로그에는 제가 번역한 의미역(MPT, Mountain's Personal Translation)을 계속 올리고 있습니다.

아래에 소개하는 성경들은 잘 알려지지 않았지만 참고할 만한 최근에 출간된 좋은 번역본입니다. 물론 제가 소개하는 성경 해석본의 모든 내용을 지지하는 것은 아님을 밝힙니다. 다시 한 번 강조하자면, 한 권만으로도 충분한 성경은 없습니다. 서로 보완이 될 뿐입니다.

■ 허성갑, 《직역성경》
오랫동안 히브리어를 공부한 학자이자 목회자로서 원어 어순을 잘 살렸으며 우리말로 이해되도록 수고를 많이 하여 직역의 흐름에 탁월한 번역입니다. 다만 한국어 성경에 많이 익숙한 느낌 때문인지 한글 성경의 고유한 느낌이 고집스럽게 남은 부분이 있습니다.

■ 최의원, 《새즈믄 우리말성경》

제가 알기로 이 역본은 최근에 개정되었습니다. 구약만 있지만 학자의 수고가 열매를 맺은 좋은 번역본입니다. 충분히 참고할 가치가 있습니다.

■ 평양성경연구소, 《하나님의 약속》

홍성사에서 발간한 이 성경은 영어 성경 NLT를 북한말로 번역한 것인데, 영문 대조로 실려서 의미역 번역본으로 참고하기에 좋습니다. 번역자가 하나님의 인격성이나 존칭에서 아주 신경을 많이 썼고 표현도 탁월합니다. 다만 번역하신 분이 원어 성경을 참고하지 않고 NLT 성경의 영어 표현에만 너무 집착했으며 영어의 인지문법적인 흐름을 몰라 일본식 영어 표현에 익숙한 딱딱한 표현이 많아 아쉬운 부분이 조금씩 보입니다.

■ 필립스 역본, 《예수에서 예수까지》

평신도 필립스가 개인 번역한 역본으로 신약만 있습니다. 깔끔하고 담백한 의미역 번역으로 유명합니다. 지금 사복음서가 나왔고 조만간 신약 전부가 나올 것입니다. 다만 오래된 번역이다 보니 오래된 교리적 신학 전통에 익숙한 번역이라서 아쉬움이 있기는 합니다.

■ 고영민, 《원문성경》

이 성경은 원어의 의미를 잘 파악해 번역한 내용을 중심으로, 다양한 한글 번역본, 영어 번역본까지 병행적으로 볼 수 있고, 간결하지만 핵심 주석까지 담겨 있는 훌륭한 번역본입니다. 신학생과 성경 연구를 하는 분에게 많은 도움이 될 것입니다.

■ 순교자의 소리, 《조선어스터디 성경》

위클리프 미션 어시스트Wycliffe Mission Assist에서 제작한 《이지 잉글리시 스터디 바이블》에서 한국어로 번역된 성경으로, 특이한 점은 북한말로 번역했다는 것입니다. 하지만 번역 품질은 매우 좋습니다. 명사들은 직역을 살렸지만 동사들은 의미역에 무게 중심을 두어서 남쪽에 사는 한국인도 아주 쉽게 이해할 수 있습니다.

■ 톰 라이트, 《하나님 나라 신약성경》

영국의 유명한 신학자 톰 라이트가 탁월하게 번역한 신약성경입니다. 특별한 것은 헬라어의 역사 문법적 연구를 충분히 담금질한 표현과 어휘를, 현대어에 대응하여 제대로 빚어냈다는 것입니다. 개인적으로 단어 번역은 원어에 충실하면서도 문맥 번역은 현대적으로 풀어냈다고 느꼈습니다. 신학과 목회를 앞두고 있는 모든 후배들이 꼭 한번씩 읽고 고민해보았으면 좋겠습니다.

■ 유진 피터슨,《메시지 성경》

개인적으로 애정이 많이 가는 성경입니다. 개척 후 힘든 시절에 특별한 기회로 번역 과정에 5년 가까이 함께 참여했습니다. 유진 피터슨은 목회자의 심장과 학자의 두뇌를 지닌 번역자입니다. 다만 유진 피터슨이 원어를 번역하는 과정에서 미국인이 자주 사용하는 구어 표현에 익숙하도록 옮겼기에, 이를 다시 한국어로 번역할 때는 한국인과 한국 정서에 맞는 표현을 찾으면서 번역팀이 정말 많이 애쓰고 다듬었습니다. 특히 개인적으로는 시편 번역이 무척 마음에 듭니다. 다만 철저하게 의미역 번역이기에 이따금 동의하기 힘든 확장된 의미 해석도 있고 문자 의미의 소실도 있습니다. 하지만 전체적인 흐름을 이해하고 현대적 의미로 접촉하는 데 좋은 통로가 되리라 생각됩니다.

아울러 좀 더 열정 있는 분을 위해 영어 번역본도 몇 가지 소개합니다. 기본적으로 영어 성경은 TNIV(NIV 개정판), NRSV, NLT, HCSB, JPS 등 오랜 역사를 거치며 그 가치를 인정받은 좋은 번역본이 있습니다. 아래에는 잘 알려져 있지 않지만 괜찮은 번역을 위주로 소개하겠습니다.

■ ESV—English Standard Version

제가 가장 자주 읽는 영어 성경입니다. 문자역 번역을 근간으로 하고 어순도 원어에 상당히 일치시켰습니다. 다만 필요하다면 명사와 동사를 과감하게 의미역을 했습니다. 참고로 앞에서 소개한 헬라어 성경 NA 28판의 경우 ESV 판본으로 대조 성경을 발간했습니다. 이 말은 ESV가 어순이나 표현에서 그만큼 원어 성경과 일치함을 보여줍니다. 이 번역본은 인터라인Interline 성경으로 히브리어와 헬라어 모두의 대조 성경도 있고 심지어 70인역도 ESV 판본으로 출간되었습니다.

■ NET—New English Translation

지금까지 제가 읽은 영어 성경 중에서 가장 학문적인 성경입니다. 무엇보다 각주가 세계적인 수준의 주석들을 망라하고 있습니다. 최근에 두 번째 에디션까지 출간되었고 인터넷으로도 볼 수 있습니다. 신학생과 목회자에게 추천합니다(NET 판본으로 출간된 사복음서 대조 성경도 괜찮습니다).

■ Voice Bible

성경 전체의 내용을 하나의 희곡대본처럼 구성한 성경입니다. 누가 그 말을 했는지 대사의 주인공이 있고 문학적인 표현도 훌륭합니다. 문학 구성과 대사 및 글의 전개 측면에서 특별한 성경입니다.

■ TLV—Tree of Life Version

이 성경은 예수님을 믿는 유대인 랍비와 학자들이 만든 성경입니다. 그래서 고유 명사를 히브리어 표기 그대로 두었습니다. 히브리인의 문화와 사상에 부합하는 문자적 번역으로 개인적으로 자주 참고하고 있습니다.

■ AMP—Amplified Bible

한국어로 번역하자면 '확대역 성경'이라고 할 수 있습니다. 모든 구절이 그런 것은 아니지만 성경에서 중요한 단어와 동사의 의미를 하나로만 명시하지 않고 다양한 의미까지 모두 나열하여 말 그대로 의미를 확대해서 표현한 성경이라 다양하게 살펴볼 수 있는 장점이 있습니다. 최근에는 스터디 바이블까지 나와 도움이 됩니다. 이와 함께 NRSV를 근간으로 하여 비슷한 확대 번역의 형태로 출간된 Expanded Bible도 참고할 만합니다.

■ David Bentley Hart, The New Testament

이 번역은 예일 출판부에서 출간된 데이비드 벤틀리 하트

David Bentley Hart라는 학자의 개인 번역본입니다. 정통적인 신학 표현이나 관용적이고 교리적인 표현을 지양하고 철저하게 원어에 좀 더 근접한 생생한 표현을 아주 압축적으로 잘 해석해 놓았습니다. 원어 성경과 같이 읽어도 거의 손색이 없는 축자적 번역이 돋보입니다. 충분히 성경 연구를 하시고 원어 성경에도 익숙한 분은 상당히 큰 유익을 얻으리라 기대합니다.

■ F. F. Bruce, The Letters of Paul

바울 신학의 대가인 F. F. 브루스의 개인 번역본입니다. 아마 구하기 어려울 것입니다. 저도 중고시장에서 어렵게 구했습니다. 나중에 어떤 출판사든지 번역 출간을 하면 좋겠다는 마음으로 적어봅니다.

이 외에도 다양한 언어에서 다양한 번역들이 있고 앞으로도 계속 나올 것으로 기대합니다. (책이 개정된다면) 향후에 더 좋은 성경 번역본을 소개해보겠습니다.

2. 성경사전 추천

일단 성경을 읽으면서 나오는 단어와 표현을 살피는 데 도움이 되는 사전으로는 《성경사전》(아가페)과 《비전 성경사전》(두란노)이 있습니다(아가페 성경사전은 여러 오류를 바로잡은 후 개정판을 내주었으면 좋겠습니다). 아울러 최근에 성경 문화와 배경을 연구한 《성경문화배경사전》과 《성경고유명사사전》(생명의말씀사)도 있습니다. 현재의 GPS 좌표까지 알려주는 《성경지명사전》(한국성서지리연구원)도 있고, 신학적인 의미를 자세히 살피도록 돕는 《예수복음서 사전》(요단)이나 《신학사전》(죠이선교회)도 있습니다. 그 외에도 성경 이미지에 대한 의미를 밝혀주는 《성경이미지 사전》 및 성경 식물에 관해 연구한 《정경숙 전도사의 성서식물》도 있습니다.

3. 성경지도 추천

오랫동안 사랑받아 온 《아가페 성서지도》가 최근에 개정되어 《아가페 카르타 성서지도》로 나왔습니다. 성경 순서에 따라 핵심적인 내용만 잘 담겨 있습니다. 신학생과 목회자들에게 추천합니다. 또한 최근에 《역사지리로 보는 성경》(두란노)이 출간되었는데 평신도가 공부하기에 괜찮습니다. 또한 Holman Bible Atlas를 번역한 《두란노 성서지도》(두란노), ESV 성경지도를 번역한 《ESV 성경지도》(부흥과개혁사)가 있으며 성경지도 분야에서 최상급에 해당하는 《성경 역사, 지리학, 고고학 아틀라스》(이레서원)도 있습니다.

4. 성경프로그램 추천

일단 한국에서 나온 것으로는 〈디럭스 바이블〉을 추천합니다. 다양한 성경 역본과 원문 대조 및 분석을 볼 수 있고 계속 업데이트를 하고 있습니다. 사용자의 작업 환경에 맞게 다양한 버전이 있어 사용하기도 편합니다. 그리고 영어가 되시는 분들은 로고스 바이블에서 나온 〈로고스 바이블〉Logos Bible을 추천합니다. 지속적으로 업그레이드를 하고, 자료가 방대합니다. 최근에는 한글로 전환하는 작업까지 하고 있으며 한글 자료들도 많아서 좋습니다. 특히 프로그램의 직관적인 프레젠테이션이 아주 마음에 듭니다.

또한 〈바이블웍스〉Bible Works도 추천합니다. 최근에 10번째 버전까지 나왔고 이 프로그램을 공부하는 분들을 위해 김한원 목사님이 《바이블웍스 완전정복》이라는 책도 썼습니다. 하지만 제가 책을 마무리할 즈음에 이 프로그램을 만드는 회사가 26년간 유지했던 프로그램의 업그레이드 및 개발을 그만둔다는 소식을 들었습니다. 너무 많은 사람이 불법적으로 복사본을 사용했기 때문입니다. 하나님의 말씀을 연구한다는 사람들이 이렇게 불법을 행하는 것을 보며 우리가 정말 하나님 말씀 앞에 바로 서 있는가 하는 의문을 던지게 됩니다.

이 책을 읽는 분들이라도 말씀을 연구하는 책이나 프로그램을 제본하거나 카피하지 마시고 정직하게 구입하셔서 연구하길 부탁드립니다. 가는 길은 목적지와 다르지 않습니다.

통합적 성경 읽기의
실제적인 제안 (30일 과정)

: 만남(시간, 지역, 사람)이라는 주제를 중심으로 통합한 사례

Day 1 창세기 / 시간과 땅 그리고 사람이 시작되다, 하나님의 목적을 만나다

Day 2 욥기, 시편 90편 / 사람을 만나다, 하나님을 만나다

Day 3 출애굽기 / 새로운 시간, 새로운 방향을 만나다

Day 4 레위기 / 하나님의 예배를 만나다

Day 5 민수기 / 광야와 고난, 하나님의 방식을 배우다

Day 6 신명기 / 하나님의 말씀을 만나다

Day 7 여호수아 / 새 땅, 승리를 만나다

Day 8 사사기 / 악순환, 왕 없는 절망을 만나다

- 야고보서: 행함의 역전을 만나다

- 베드로전 · 후서: 비전을 만나다

- 유다서: 승리를 만나다

Day 30 요한서신

- 요한 1, 2, 3서: 사랑을 만나다

- 요한계시록: 소망을 만나다

말씀 앞에 선 당신에게

초판 1쇄 인쇄 2019년 12월 13일
초판 1쇄 발행 2019년 12월 20일

지은이 강산

펴낸이 최영민
펴낸곳 헤르몬
등록번호 제406-2015-31호 (2015년 3월 27일)
주소 경기도 파주시 신촌2로 24
전화 031) 8071-0088 **팩스** 031) 942-8688
이메일 pnpbook@naver.com

ⓒ 강산, 2019. Printed in Korea.

ISBN 979-11-87244-61-5 (03230)

■ 헤르몬은 피앤피북의 임프린트입니다.
■ 책값은 뒤표지에 있습니다. 잘못된 책은 구입하신 곳에서 교환해드립니다.